NF文庫
ノンフィクション

慟哭の空

史資料が語る特攻と人間の相克

今井健嗣

潮書房光人新社

【凡　例】

① 本稿はアジア太平洋戦争（一九四一年一二月～一九四五年八月）の中にあって、一九四四年（昭和一九）九月から一九四五年（昭和二〇）三月に亘って行われたフィリピンにおける陸軍航空特攻を主として記すものである。

② 日本陸海軍の航空特攻を総称して「カミカゼ」あるいは「神風《かみかぜ》」と表記する文献が多い。いずれも是としたいが本来は正しくない。陸軍では「と号攻撃」あるいは「陸軍航空特攻」（敗戦後は「陸軍航空特攻」が一般的）、海軍では「神風《しんぷう》特別攻撃」と呼んでいたようだ。そこで、本稿では、煩わしくはあるが、陸軍を「陸軍航空特攻」、海軍を「海軍神風《しんぷう》特攻」と表記する。なお、陸海軍を総称する場合は「航空特攻」と表記する。

③ 特攻隊員を「勇士」と表記する文献が多い、そして、その死を「散華」と表記する文献も多い。いずれも是としたい。しかし、本稿では「特攻隊員」そして「戦死」と表記する。

④ 航空特攻の戦死者は二階級特進となるが、本稿では出撃直前の階級を付す。

⑤ 年号表記は基本的には西暦表記としているが、カッコ内に元号を付しておく。

⑥ 本稿での特攻戦死者名、戦死者数、出撃機数などのデータは、すべて筆者作成の『航空特攻データベース』に拠っている（本文では『特攻データベース』〈筆者〉と略す）。その出典は、陸軍航空特攻では特攻隊慰霊顕彰会編『特別攻撃隊史』（特攻隊慰霊顕彰会 一九九〇年三版）、モデルアート七月号臨時増刊『陸軍特別攻撃隊』（モデルアート社 一九九五年）、鹿児島県知覧特攻平和会館編『陸軍特別攻撃隊員名簿 とこしえに』等とした。海軍神風特攻では、特攻隊慰霊顕彰会編『特別

攻撃隊史』（特攻隊慰霊顕彰会　一九九二年　三版）、モデルアート一一月号臨時増刊『神風特別攻撃隊』（モデルアート社　一九九五年）、押尾一彦『特別攻撃隊の記録〈海軍編〉』（光人社　二〇〇五年）とした。それぞれの資料間には氏名や人数に若干の違いがある。そこで、前述資料の「足し込み」により作成した。なお、特攻戦死以外での戦死状況は（財）特攻隊戦没者慰霊平和祈念協会『特別攻撃隊全史』（二〇〇八年）に拠った。

⑦　本稿での連合国軍艦船の被害状況は、全て『特攻による連合国軍艦船被害データベース』（筆者作成）に拠っている（本文では『特攻被害データベース』〈筆者〉と略す）。その出典は、森本忠夫『特攻―外道の統率と人間の条件』（文藝春秋　一九九二年）、原勝洋『真相・カミカゼ特攻』（KKベストセラーズ　二〇〇四年）、『写真集カミカゼ　陸・海軍特別攻撃隊　上下』（KKベストセラーズ　一九九六年・一九九七年）に拠った。それぞれの資料間には艦名や被害状況に相当のずれがある。そこで、それらの矛盾を修正のうえで、前述資料の「足し込み」により作成した。

⑧　本稿で言う「出撃機数」とは特攻出撃をした未帰還機数を示す。

⑨　陸軍空中勤務者の出身であるが、陸軍士官学校出身は「陸士」、陸軍特別操縦見習士官出身は「特操」、陸軍幹部候補生出身は「幹候」、陸軍少尉候補生出身は「少尉候」、陸軍少年飛行兵出身は「少飛」、逓信省航空局乗員養成所出身は「航養」、陸軍召集兵出身は「召集」と略す。

慟哭の空——目次

慟哭の空

史資料が語る特攻と人間の相克

はじめに――万朶《ばんだ》の桜散る

まず一葉の写真をご覧いただきたい。一九四五年（昭和二〇）五月一四日、米海軍航空母艦『モンテレー』の甲板から撮影されたと言われている（『写真集 カミカゼ 陸・海軍特別攻撃隊 下』KKベストセラーズ 一九九七年）。アジア太平洋戦争の沖縄戦における日本軍の航空特攻の一齣である。灰色の空に飛行機が一機、その飛行機は『零式艦上戦闘戦』（以下『零戦』）と出典のキャプションは記している。その胴体から火が吹いている。その下の少し離れた所に一条の黒煙が尾を引

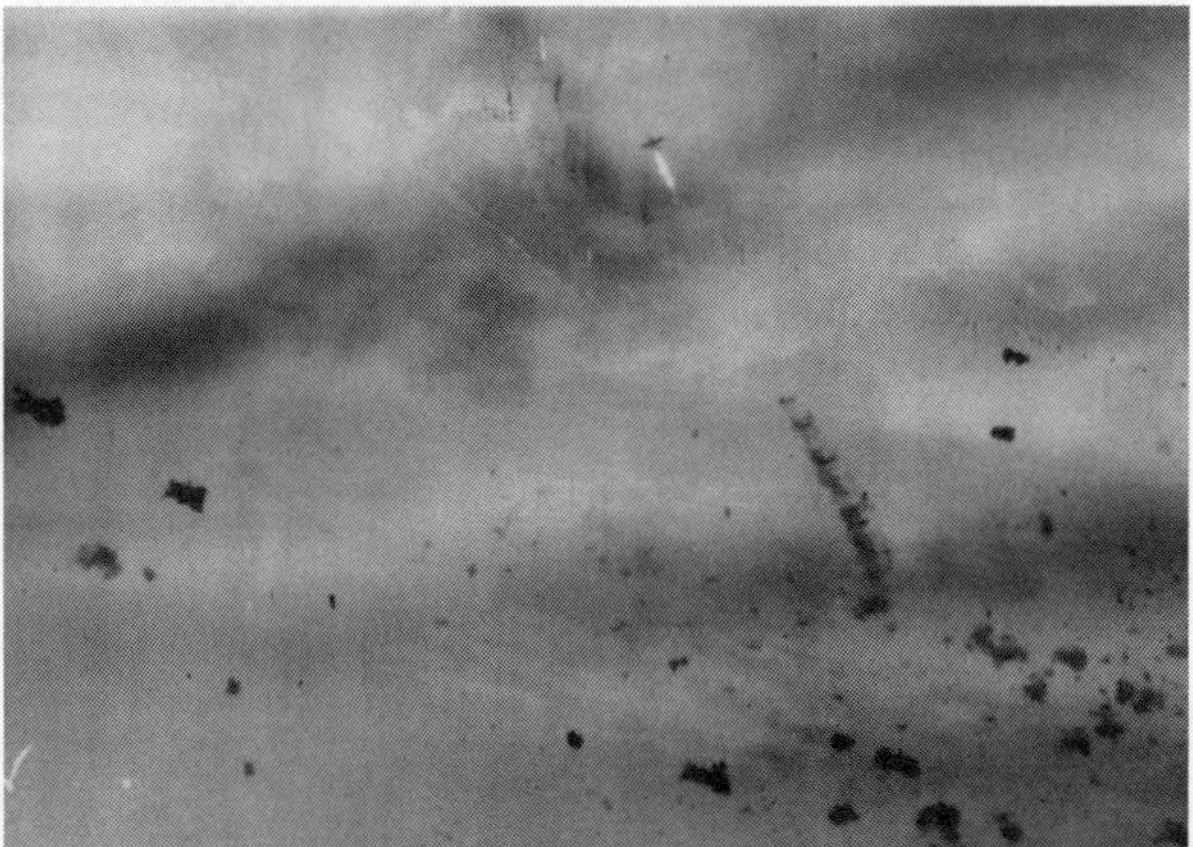

『写真集 カミカゼ 陸・海軍特別攻撃隊 下』KKベストセラーズ刊より

いている。この黒煙の下端でこの『零戦』は被弾したのであろう。空一面には対空砲火の黒い弾煙の塊《かたまり》がある。その一発が命中したのであろう。この当時、米海軍艦船は「VT信管」と呼ばれる砲弾を使っていた。弾が直接命中しなくとも飛行機の金属に反応し、付近を通過しただけで瞬間に爆発する砲弾である。すこぶる効率がよい。その弾を掻い潜って日本軍の特攻機が目標に照準を合わせる。写真に写る飛行機はこのVT弾に被弾したようだ。すでに断末魔の様相である。

日本軍特攻機にとって、連合国艦船の上空にたどりつくまでが大変である。まず米海軍の邀撃《ようげき》戦闘機の待ち伏せがある。多くの日本軍特攻機は、この邀撃戦闘機群によって目標到達前に撃墜される。写真のように『モンテレー』上空に到達できたこと自体が奇跡に近い。しかし、つぎの試練が待っている。「VT信管」である。その餌食となった、写真の『零戦』搭乗員のこの時の心境はいかばかりであったろうか。ここまでたどり着いたのに被弾した、その無念と悔しさは想像を絶する。

一方この『零戦』を討ちとった連合国艦船の射手の心境はどうであっただろうか。『零戦』が火を噴いた瞬間のこの人たちの歓声が聞こえてきそうだ。自分たちが死を免れたことを神に感謝したであろう。写真からは大空に炸裂する砲弾の咆哮が聞こえてきそうだ。そして、それは連合国軍兵士の勝利の歓喜であっただろう。一方、火を噴きながらも、なおも飛行を続ける『零戦』の甲高いエンジン音も聞こえてきそうだ。それは日本軍特攻隊員のむせび泣きであろうか。機体後方にたなびく火炎が眩しい。正視するに堪えない。機上の特攻隊員はこの時何を思い何を祈ったのであろうか。この一葉の写真は勝者の歓喜と敗者の慟哭を余すことなく描き切っている。

一九四四年（昭和一九）九月一三日から翌一九四五年（昭和二〇）八月一九日までの一一ヶ月間にフィリピンで、沖縄で、そして本州で、日本陸海軍航空特攻による同じような光景がおよそ一二五日に亘って繰り返されている。

航空特攻とはアジア太平洋戦争の後半において、飛行機に爆弾を懸架して、その飛行機の操縦者諸共《もろとも》に連合国艦船に体当りする攻撃を言う。日本軍が編み出した「十死零生」の絶対死を前提とした攻撃である。こんな攻撃は、それまでのいかなる国の軍隊においても実施されていない。日本陸海軍でさえ、それまでは、どんなに困難な作戦であっても「九死一生」の原則があり生還の道を閉ざすことはなかった。これは統帥の大原則であった。

しかし、一九四四年（昭和一九）九月に日本陸海軍はこの大原則をあっさりと放棄している。人諸共の体当り攻撃、すなわち航空特攻である。それ以降は航空特攻のみが日本軍にとって連合国軍に対抗しうる唯一の作戦となった。この航空特攻で戦死した人たちは三、九六七名（陸軍一、四五六名、海軍二、五一一名）、喪われた飛行機数は二、五八三機（陸軍一、一八三機、海軍一、四〇〇機）となっている（『特攻データベース』筆者より）。

その航空特攻の嚆矢《こうし》は一九四四年（昭和一九）一〇月二五日、フィリピン・レイテ沖作戦での関行男大尉率いる海軍神風特攻敷島隊と通史では言われている。しかし、今日に伝わる多くのデータによると少し違う。実はその二日前の一〇月二三日には同じく海軍神風《しんぷう》特攻大和隊の佐藤肇上飛曹が還らぬ人となっている。さらにその二日前の一〇月二一日には海軍神風特攻大和隊の久納好孚中尉が出撃し還らぬ人となっている。

　陸軍航空特攻の嚆矢は、通史によるとフィリピン・レイテ沖作戦での一一月五日の万朶《ばんだ》隊・岩本益臣（大尉　陸士　二七歳）、園田芳巳（中尉　陸士　二三歳）、安藤浩（中尉　陸士　二三歳）、川島孝（中尉　陸士　二二歳）、中川克己（少尉　少尉候　二八歳）とされている。この日、この五名は特攻出撃したのではない。一機の『九九式双発軽爆撃機』で、連絡飛行の途上米軍機により撃墜されているが、今日ではこれが陸軍航空特攻最初の公式の特攻戦死と記録されている。この万朶隊については後に詳述したい。

ところで、多くの資料では一九四四年（昭和一九）九月一三日に陸軍飛行第三十一戦隊の小佐井武士大尉（陸士出身　戦死年齢不詳）と山下光義軍曹（召集兵出身　戦死年齢不詳）による特攻戦死が記録されている。何をもって特攻と言うのかにもよると考えられる。

　航空特攻の嚆矢とされている関行男らの海軍神風特攻敷島隊に関しては、今日、多数の文献が出版され、その詳細は様々な形で伝えられている。敷島隊は体当りに成功し、航空母艦を一隻撃沈している。予想を超える戦果を出した。このことが、その後に航空特攻が正規の作戦に取り入れられる契機となった。これ以降、特攻が陸続として命令されることになる。しかし、同じ航空特攻でありながら、さらに同じような熾烈な戦《いくさ》を闘ってきたにもかかわらず、フィリピンにおける初期の陸軍航空特攻を伝える文献は極端に少ない（一九四五年三月以降の沖縄戦を伝える文献は多い）。

今日においてさえ、陸軍航空特別攻撃隊の存在は海軍神風特攻隊に比べると影が薄いように感じる。こんな陸軍航空特攻隊が愛おしかった。筆者（私）が二〇〇四年に上梓した『元気で命中に参ります』（元就出版社　二〇〇四年）は陸軍航空特攻をテーマとしているが、それは、こんな他愛もない理由からであった。筆者は二〇〇六年には海軍神風《しんぷう》特攻をテーマとして『神風《かぜ》よ鎮《しず》め』（元就出版社　二〇〇六年）を上梓した。この二著で筆者の航空特攻への思いを完結させたかったのだが、前作の『元気で命中に参ります』は頁数の関係で特にフィリピンでの陸軍航空特攻の部分は全て割愛した。このことが気になっていた。これを記さないことには筆者の「特攻」が完結しない。そこで、本稿ではフィリピンでの陸軍航空特攻を軸にしながら、前著で書き漏らした航空特攻全般を記しておきたいと思う。

筆者には戦争の記憶はない。一九四五年（昭和二〇）八月一五日の終戦日は、生まれて一年と二ヶ月であった。しかしながら、そのわずかな関わりのなかでも戦争「経験」のDNAは確かに蠢《うごめ》いていると感じている。そんなDNAのかすかな糸を手繰《たぐ》り寄せ引き寄せて、筆者なりの「戦争」を記しておきたい。

前述したように、フィリピンでの陸軍航空特攻を記す文献は極端に少ない。そんな中で高木俊朗『陸軍特別攻撃隊　上・下』（文藝春秋　一九八三年　以下『陸軍特攻』高木）は、その質と量で貴重な文献となっている。陸軍航空特攻の各部隊の行動が詳細に亘って描かれている。労作である。そこで、まず、この『陸軍特攻』（高木）の概要を記しておきたい。膨大な文献（上巻四八四頁 下巻五四二頁）である。これを数行で要約することは至難であり、また著者に失礼であるが、このことを承知のうえで、敢えてつぎに要約する。

①『陸軍特攻』（高木）は万朶隊と富嶽《ふがく》隊の両特攻隊を軸に描かれている。さらに万朶隊の生還者・佐々木友次（当時伍長）と富嶽隊の生還者・梨子田実（当時曹長）の証言をもとに記述されている。勿論フィリピンでの陸軍航空特攻はこの二隊のみで実施されたのではない。同著は他の多くの部隊にも頁を割いている。

②『陸軍特攻』（高木）はこの二隊を軸にして、フィリピンでの陸軍航空特攻は空中勤務者（陸軍ではパイロットをこう呼んだ）たちの志願でなく、命令により実施されたこと、また、その命令は相当な強制をもってなされたことを繰り返し述べている。隊員たちには特攻という本来の目的を隠した「だまし討ち」に等しい命令であったことを暗示している。

③このことから、『陸軍特攻』（高木）はフィリピンでの陸軍航空特攻隊員は、その内実では決して特攻を受け入れてはいない心理を繰り返し述べている。統帥部は何らかの理由で生還した特攻隊員には繰り返し特攻出撃を命じている。その一人が『陸軍特攻』（高木）に度々登場する佐々木友次である。佐々木は合計七回の特攻出撃命令を受けるが、その都度生還する。一方、二度出撃しその都度生還した靖国隊長の出丸一男（後述）は、最後には「処刑飛行」に等しい特攻出撃命令を受け、病身を押して単機で出撃し還らぬ人と

なった。『陸軍特攻』（高木）はこれらの様子を詳述する。佐々木友次の万朶隊と出丸一男の靖国隊については後に詳述する。

④当時の陸軍空中勤務者の心理は通常の爆撃（跳飛爆撃）による反復攻撃にあったと『陸軍特攻』（高木）は記す。陸軍航空特攻の最初の戦死者は万朶隊の岩本益臣であるが、この人は跳飛爆撃（後述）の名手であったという。その名手がたった一度の特攻で戦死する不合理を『陸軍特攻』（高木）は述べる。岩本益臣の部下であった前述の佐々木友次は、特攻命令を受けながら、これを拒否し続け通常の爆撃行を繰り返し戦後を生還する。航空特攻は陸軍空中勤務者の心理に著《いちじる》しく反していたことを『陸軍特攻』（高木）は指弾する。

⑤フィリピンにおける陸軍航空特攻を統帥したのは、マニラに本拠を置く陸軍第四航空軍司令官冨永恭次（中将）であるが、この人は第四航空軍のフィリピン・マニラからの後退（一九四五年一月）に際して兵員と器材を置き去りにして台湾に移動したと伝えられている。『陸軍特攻』（高木）は当時でもこれは「敵前逃亡」とされて陸軍でも問題になったと記す。『陸軍特攻』（高木）は冨永恭次の「敵前逃亡」の欺瞞を記す。実は当時も陸軍は冨永恭次の行為に不快感があったらしい。このことから冨永は現役から予備役に降格となっている。冨永恭次は戦後を生還する。とにかく『陸軍特攻』（高木）の冨永恭次への批判は痛烈である。

高木俊朗（一九〇八年生―一九九八年逝去）、早稲田大学政経学部卒業、戦時中は陸軍報道

班員として従軍、戦場を転戦している。戦後は戦争悪をテーマとした執筆活動に従事、本書『陸軍特別攻撃隊』で第一三回菊池寛賞を受賞している。本書以外の航空特攻関係では『知覧』(角川文庫)が名著と言われている。

高木俊朗の労作をわずか数行でまとめるのには無理がある。当然筆者なりの偏りがあることを承知いただきたい。それを承知のうえで、今一度、高木俊朗の労作を一言で表せば、フィリピンでの陸軍航空特攻は「強制」であり「だまし討ち」であり、だから特攻隊員にとっては、そのことが特攻「忌避」と繋がっており、さらには統帥の「卑劣」があったとしている。死んでいった特攻隊員と卑劣な特攻統帥を鮮烈なコントラストで描いている。執筆には一五年の歳月を費やしたと言われている。優れた作品である。高木俊朗は特攻生還者の証言を軸として『陸軍特攻』(高木)を書いている。特攻戦死者からの取材はできるはずがない。だが、特攻生還者からの取材だけで航空特攻の全てが描き切れるとは考えられない。それはあくまでも生還者による証言という限界を免れない。

筆者は、戦後の価値観によるのではなく、その当時航空特攻がどのように把握されていたのか確かめることにも拘《こだわ》りたい。戦後を生還した人たちの証言も資料として当然重要である。一方、その当時を語る資料の分析も同時に必要であると考える。前著『元気で命中に参ります』(元就出版社 二〇〇四年)で特攻隊員の残した遺書をテーマにしたのはこのことによる。遺書は特攻隊員の死の直前に書かれている。その当時を知る第一級の資料である。その冷徹な分析の中に陸軍航空特攻の原風景があるように思う。『神風《かぜ》よ鎮《しず》め』(元就出版社 二〇〇六年）では特攻隊員の残した「日記」と当時の「戦闘詳報」（海軍作成）などを主な資料として、主としてデータを基にした海軍神風特攻の筆者なりの原風景を記した。今日的な価値観からの判断だけではなく、その当時の状況に寄り添いながら、その当時の価値観をも尊重しながら、できるかぎり客観性をもった現代史としての追求をしたつもりである。そこで、本稿でも特攻隊員の残した遺書をはじめ、日記やニュース映画、関係者の手記や証言、そして各種のデータを組み立てながら、フィリピンにおける陸軍航空特攻隊員の筆者なりの原風景をここに記しておきたいと考える。

本題に入る前に陸軍航空特攻の嚆矢とされている万朶隊について、『陸軍特攻』（高木）を主な底本として簡単に触れておきたい。この部隊には陸軍による初期の航空特攻の特徴が端的に表れているように思う。高木俊朗の陸軍航空特攻への思いが象徴的に描かれているようにも思う。陸軍航空特攻の一つの悲劇である。

万朶《ばんだ》の「朶」は枝の意である。多くの枝をもった木の意となる。万朶の次に「桜」がきて「万朶の桜」となると、枝ぶりのよい満開の桜花の意となる。万朶隊は鉾田基地（茨城県）で編成されフィリピンに派遣されている（一九四四年〈昭和一九〉一〇月二六日）。隊長は岩本益臣大尉である。この人はベテランの空中勤務者である。「航法の神様」と言われていたようだ。当時の飛行機にはレーダーがついていない。詳細は省くが、日本陸海軍はその当時、地図や地形観察による地文航法、あるいは偏流角測定による推測航法など、航空地図や羅針盤による空中勤務者の手作業により飛行機を目的地に誘導している。岩本はその航法のベテランである。

さらに跳飛攻撃の先駆けの人でもある。跳飛攻撃とは艦船攻撃の一つであり米軍が開発したものらしい。池や川の水面に向けて小石を勢いよく水平に投げ入れると、その小石は水没せずに水面を飛び跳ねていく。跳飛攻撃とはこの原理を応用したものである。海面すれすれに超低空の高速で飛行し爆弾を落とすと、その爆弾は前進運動の勢いで水面を進行方向に飛び跳ねる。その勢いで艦船の船腹を狙うといった攻撃方法だ。通常の二五〇kg爆弾で魚雷攻撃と同じ効果を得ようとするものである。この攻撃は敵の対空砲火の中での超低空飛行である。

爆弾投下のタイミングも難しく、投下後の回避も艦船のブリッジをすれすれに飛行することから、技術的にも相当に熟練を要したと言われている。万朶隊は、この跳飛攻撃のベテランである岩本益臣を隊長にして、陸軍士官学校出身の中尉や少尉が部下として配属されている。さらに逓信省航空局乗員養成所出身のベテラン空中勤務者が揃えられた。

この人たちの兵装は、『九九式双発軽爆撃機』（以下『九九双軽』）である。川崎航空機製、昭和一六年の制式採用で、双発中型の爆撃機である。運動性、速度、機動性、使い勝手など当時の空中勤務者には評判がよかったようだ。全長一二・八m、全幅一七・四m、爆弾積載四〇〇kg、時速五〇四km／h、この種の飛行機として相当な高速であるが一九四四年（昭和一九）頃になると連合国軍機の優位が目立ち犠牲も多かったという。決して優秀とは言いがたいが、当初の設計がしっかりしていて重宝がられ、終戦までの全期間で陸軍爆撃機の中心的な存在となっていた。

ところで、万朶隊の『九九双軽』は標準機とは少し様子が違う。『九九双軽』の機首には風防があり、そこには航法手（兼爆撃手）が座乗する。航法と爆撃に必要な器材が装備されている。また、空中戦に備えて機銃が据えられている。しかし、万朶隊の『九九双軽』はそれらの器材が全て撤去されており、その代わりに三本の武骨なパイプ状のものが突き出ている。信管である。この信管が胴体下部と操縦席後方の二箇所に固定された二個の四〇〇kg爆弾に繋がっている。本機の最大積載は四〇〇kgであるがその二倍の爆弾が積まれている。さらに爆弾は固定されており、飛行中に投下できないようにされている。すなわち、万朶隊の『九九双軽』は通常の爆撃機ではない。改修された「特攻」専用機である。

『九九式双発軽爆撃機』（標準機）

万朶隊は鉾田教導飛行師団（茨城県）の精鋭で編成された。隊長が岩本益臣（大尉 陸士 二七歳）。士官は園田芳己（中尉 陸士 二三歳）、安藤浩（中尉 陸士 二三歳）、川島孝（中尉 陸士 二二歳）。下士官は田中逸男（曹長 出身不明二六歳）、社本忍（軍曹 出身不明特攻からは生還）、石渡俊行（軍曹 航養 二〇歳）、鵜沢邦夫（軍曹航養 二一歳）、久保昌明（曹長 少飛 二〇歳）、近藤行雄（伍長 航

養二〇歳)、奥原英孝(伍長 航養 二一歳)、佐々木友次(伍長 出身不明 生還)の一二名。それに航法の中川克己(少尉 少尉候 二八歳)、通信の生田留夫(曹長 出身不明 二三歳)が加えられている。合計一四名である。このうち一二名が戦死し、社本忍(軍曹)と佐々木友次(伍長)の二名が万朶隊から生還している。

航法と跳飛攻撃のベテランに『九九双軽』の改修「特攻機」があてがわれた。『陸軍特攻』(高木)は、こんな飛行機をあてがわれた人たちの戸惑いと無念の気持ちを詳細に記している。最高の陣容による特攻編成である。陸軍統帥の特攻への意気込みがあったと言えばそれまでだが、反面、こんな無駄な編成もない。繰り返しの攻撃が十分にできる、その当時では数少なくなったベテランの空中勤務者を、たった一回の体当りで喪《うしな》うのである。この処置は現場の空中勤務者たちの心情とは著しく「ズレ」ていたと『陸軍特攻』(高木)は繰り返し陸軍の統帥を指弾する。

ところで、海軍神風特攻はこのような改修特攻機を使っていない。実戦用の『零戦』や『九九式艦上爆撃機』などに爆装して出撃している。陸軍もその後の特攻ではこのような改修「特攻機」を使っていない。実戦用の戦闘機や襲撃機に爆装し出撃している。しかしながら、初期の陸軍航空特攻は、改修「特攻機」を使った鼻息の荒い作戦であった。ここに特攻統帥と空中勤務者との懸隔があったようだ。

陸軍飛行隊の現場では、これからの戦法は跳飛攻撃であると考えられていたようだ。跳飛攻撃自体が実は航空特攻であった。しかし生還の道は残されていた。一方、陸軍中枢では、現場の飛行隊とは違って、航空戦は端《はな》から航空特攻すなわち体当り攻撃と考えていたようだ。陸軍飛行隊の中枢は歩兵出身で占められていたという。歩兵の身上は「突撃精神」であり「萬歳攻撃」である。この延長戦上に航空特攻があったと『陸軍特攻』（高木）は言う。

ところで、万朶隊には思いもかけぬ不運が待っていた。岩本益臣を含む五名の士官はフィリピンに到着後の一九四四年（昭和一九）一一月五日、第四航空軍の冨永恭次司令官から、待機基地から直線距離にして九〇㎞のマニラの第四航空軍司令部までフィリピン到着の申告に来るようにとの命令を受けた。その到着申告の飛行途中に連合国軍の戦闘機に撃墜され、岩本益臣を含む士官全員が殉職している。元々この種の申告は不用であったらしく、冨永恭次が万朶隊を宴会で歓迎したいということが本意であったようだ。そのことが仇となった。当時のフィリピンでは連合国軍の空襲が激しく、日中での不用不急の飛行は禁止されていたらしい。それを押しての無理な飛行であった。五名の乗った『九九双軽』は連合国軍邀撃《ようげき》戦闘機による一撃で撃墜された。実力が発揮される前の士官全員の殉職である。五名は「突撃前戦死」であるが、陸軍航空特攻の嚆矢として今日では特攻戦死として記録されている。岩本益臣たちの戦死は哀切に耐えない。

防衛庁防衛研修所戦史室編『戦史叢書　捷号陸軍作戦　レイテ決戦』（朝雲新聞社　昭和四五年　以下『戦史叢書　捷号陸軍　レイテ』）では、この事情をつぎのように記している。

不幸、この日、陸軍特攻隊の先陣万朶隊は悲運に会した。

（略）

万朶隊は、軍司令官がマニラに復帰すると信じ、マニラで申告（決別）すべく五日、リパからマニラに向った時、不幸、艦載機に遭遇したのであった。

これによると万朶隊は冨永恭次の要請ではなく、決別の申告のため、自らの意思でマニラに飛んだように記されている。前述の『陸軍特攻』（高木）とは違う。冨永恭次軍司令官は残された万朶隊の下士官隊員に漢詩を送っている。『陸軍特攻』（高木）から引用したい。

やがて冨永軍司令官は、テーブルの上に用意した正絹の白布に向って筆をとった。そしてまず（万朶神兵のために）と書いた。達筆な文字であった。そのあとに自作の漢詩らしきものを声をはりあげて朗読した。

神国の精気、万朶の桜
将兵の姿、今、燦然と輝く
一身を軽くして、大任重し
死を怖れず、徒に死を求むるを怖る

冨永軍司令官は、この詩のなかでも（死ぬことが目的ではない）と教えていた。漢詩としては、韻も守られず、形式をなしていない独善の字句に、下士官たちは、何か、もっともらしいことを感じた。

冨永恭次（一八九二年生 一九六〇年逝去）、当時は第四航空軍司令官、陸軍中将。その冨永恭次は、この後に着任した八紘隊第六隊石腸隊にも漢詩を送っている。少しだけ字句は替えてあるが文意は同じだ。よく似た文面が連なる。万朶隊や石腸隊に限らず、着任する全ての部隊に同じ文意の漢詩を贈ったのであろう。石腸隊への漢詩については第六章に後述する。

士官全員が殉職したあとに残された万朶隊の下士官隊員たちはどうなったのであろうか。

一九四四年（昭和一九）一一月一二日には田中逸男曹長、生田留夫曹長、久保昌明曹長が出撃戦死している。この日、日本軍特攻機七機が体当り命中し連合国艦船七隻が何らかの損傷を受けているが、いずれも海軍神風特攻によるものであり、万朶隊の戦果は記録されていない。一一月一五日は石渡敏行軍曹、近藤行雄伍長が出撃戦死しているが、この日の戦果も記録されてない。一一月二五日には奥原英孝伍長が出撃戦死している。この日、日本軍機六機が体当り命中し、連合国艦船四隻が損傷しているが、いずれも海軍神風特攻によるものである。一二月二〇日には鵜沢邦夫軍曹が出撃戦死しているが戦果は記録されていない。そして、この日をもって万朶隊は全滅となる。この人たちの戦死状況を記しておく。

一九四四年一一月 五 日　岩本益臣（大尉 陸士 二七歳）

園田芳己（中尉 陸士 二三歳）

川島　孝（中尉　陸士　二二歳）
安藤　浩（中尉　陸士　二三歳）
中川克己（少尉　少尉候　二八歳）
一九四四年一一月一二日　田中逸男（曹長　不明　二六歳）
生田留夫（曹長　不明　二三歳）
久保昌明（曹長　少飛　二〇歳）
一九四四年一一月一五日　石渡俊行（軍曹　航養　二〇歳）
近藤行雄（伍長　航養　二〇歳）
一九四四年一一月二五日　奥原英孝（伍長　航養　二一歳）
一九四四年一二月二〇日　鵜沢邦夫（軍曹　航養　二一歳）

ベテラン空中勤務者による編成にもかかわらず戦果は記録されていない。その理由はいかに有能の空中勤務者であっても、いかに有能な『九九双軽』であろうとも、その用兵を間違うと全く意味がないということであり、その典型的な例である。爆弾を固定した体当り攻撃はこの人たちの心情ではなく、また『九九双軽』の使い方でもなかった。この組み合わせで跳飛攻撃を実施しておれば、それなりの戦果があったのかもしれない。少なくともその可能性はあったはずだ。

とにかく万朶隊は陸軍の大きな期待にもかかわらず、空しく全滅している。その原因の一部は航空現場の人たちと陸軍統帥との特攻に対する思いの「ズレ」にあるように思われる。航空には専門的知識を必要とされる。また飛行機のそれぞれの特性を知悉し、さらに運用には臨機応変の機敏さが必要とされたという。航空という近代戦に対して、旧態然とした「歩兵」戦法の形式主義と官僚主義の悪弊が航空作戦を台無しにしてしまったと『陸軍特攻』（高木）は言う。万朶隊は初期の陸軍航空特攻の悲劇を象徴的に表している。このような例をもうひとつ記しておきたい。富嶽隊である。

第一章──「断　断乎　断」

富嶽隊は静岡県浜松基地で編成された。一九四四年（昭和一九）一一月七日から翌年一月一二日までの間に出撃を繰り返し、一八名の戦死と『四式重爆撃機 飛龍』（以下『四式重爆 飛龍』）八機の喪失をもって全滅した。戦果は何一つ残せなかった。この富嶽隊長を西尾常三郎という。この人が妻あてに残した遺書が筆者（私）には随分と気になる。多くの特攻隊員の遺書に比べて異色である。そこにはフィリピンにおける初期の特攻の特異性が滲み出ているようにも思う。

この部隊の兵装である『四式重爆 飛龍』（キ－67）について記しておく。三菱重工業製、一九四四年（昭和一九）採用の最精鋭の爆撃機である。全長一八・七m、全幅二二・五m、最大爆弾搭載八〇〇kg、双発の重爆撃機である。それまでの陸軍の重爆撃機は鈍重鈍足であったが、この飛行機は違う。最高時速は五三〇km／hの快速である。当時の技術の粋を集め

『四式重爆撃機　飛龍』（標準機）

『四式重爆撃機　飛龍』（特攻機）

て設計されている。現地部隊の評判も好かったようだ。しかし、本機の設計思想は中国軍やソ連軍相手を想定した大陸での戦術爆撃が主体となっており、太平洋を挟んだ米軍との戦略爆撃を想定していない。だから、性能的には限界があったと言われている。さらに、本機が採用された一九四四年（昭和一九）の後半にもなると、制空権はすべて連合国軍に制圧されており、一定の性能を有してはいたものの、白昼堂々と編隊を組んで出撃できるような状況ではなくなっていた。そこで、その性能ゆえに本土決戦用に温存されたと言われている。だから、この飛行機が活躍した場面は殆どなかったようだ。その一方でかなりの性能を有していた故に一部が特攻に運用された。そのひとつが富嶽隊である。

　富嶽隊は二六名。用意された『四式重爆　飛龍』は九機。ところで、この部隊の『四式重爆　飛龍』は標準機のそれとは大分様子が違う。違いは一目瞭然である。標準機の『四式重爆　飛龍』は、機首前面に風防が大きく突き出ている。これが本機の大きな特徴となっている。ここには航法士（爆撃手）が座乗する。機体尾部にも風防が丸く突き出ている。空中戦になった場合には射手が応戦する。胴体の両側面には水滴型の風防が、そして操縦席後部にはお椀を伏せたような風防があり、これらにも射手が座乗し空中戦に備える。機体前後や側面そして上部の銃座風防がアクセントとなっており全体に精悍な感じを与えている。もともと爆撃機とはそんなものだ。連合国軍の爆撃機も同じような形式になっている。『四式重爆 飛龍』の形状はかなり洗練されており、スマートだ。

ところで、富嶽隊九機の『四式重爆 飛龍』は標準機とは全く違う。機首風防の全てが合板で遮蔽されて黒々としている。その武骨な機首からは金属性の細長いパイプのようなものが突き出ている（カバー写真上）。信管である。不気味だ。これが胴体内に固定された二個の八〇〇kg爆弾に繋がっている。この『四式重爆 飛龍』は「爆撃機」ではない。体当り専用の「特攻機」である。前述の万朶隊の『九九双軽』よりも改修が徹底している。富嶽隊の『四式重爆 飛龍』は今日に残る写真からも黒々と不気味な印象を与える。オリジナルのスマートさが全く消え去っている。

日本軍には少しの例外をのぞいて、いわゆる「特攻機」と言われるものはなかった（注）。通常の戦闘機や爆撃機、場合によっては偵察機や練習機が特攻に「運用」された。日本陸海軍の、その後の特攻は全てそうである。また爆弾も固定はされていない。引き返しの不時着の際は爆弾を抱えていると危険である。だから爆弾は固定されておらず投下できるようになっていた。しかし、富嶽隊『四式重爆 飛龍』は違う。体当り専用の「特攻機」に改修されている。また、爆弾は弾倉に固定されていた。さらに、操縦席のうしろにも一個の爆弾が固定されている。本来は銃座のある所である。この『四式重爆 飛龍』に搭乗するということは有無を言わせない特攻命令であったということだ。こんな改修「特攻機」が陸軍空中勤務者に与えた重圧は計り知れない。ここに、初期の陸軍航空特攻において特攻忌避が生まれたと『陸軍特攻』（高木）は暗示する。そうかもしれない。こんな富嶽隊に西尾常三郎（少佐）をはじめベテランの士官や下士官空中勤務者が割り当てられた。

（注）陸軍では敗戦直前に特殊攻撃機『剣』キ－105が特攻専用機として生産されたが実用されていない。海軍では特殊攻撃機『桜花』が生産され実用（55機）されている。

富嶽隊の隊長は西尾常三郎（少佐）、一九一六年（大正五）七月生まれの東京府出身。一九三四年（昭和九）三月に陸軍士官学校予科に入校、同校を一九三六年（昭和一一）三月に卒業、航空兵科士官候補生となり、さらに陸軍士官学校に進み、一九三八年（昭和一三）六月に卒業、その後は陸軍の航空畑を歩むことになり各地を転戦することになる。そして一九四四年（昭和一九）一一月、フィリピンで富嶽隊長として特攻戦死、享年二八歳であった。『陸軍特攻』（高木）は、フィリピンにおける特攻は体当りという本質を隠した「だまし討ち」の命令であったと言う。『陸軍特攻』（高木）はこの主張で貫かれている。だから、多くの特攻隊員たちは特攻そのものに懐疑的であったとしている。

ところで、筆者の手許に富嶽隊の消息を伝えるもう一冊の文献がある。河内山譲『恩愛の絆断ち難し』(光人社 一九九〇年 以下『恩愛』河内山)である。それによると西尾常三郎は特攻隊長を志願したとしている。その箇所を引用したい。

当時、第一線の戦士は例外なく欣んで死地に赴いて戦う気概をもっていたが、生還の途が閉ざされた必死特攻隊の人選となると、大西隊長の苦悩は夜も眠れぬほど深刻だった。

彼は熟考の末、まず隊長候補者として自身をふくむ四名を報告した。

だが、川上師団長は、大西隊長は不許可、そして長男を除くなど二三の条件を示し、再考を求めた。

隊長室に帰ったところ、大西中佐はこれまでの師団長の秘密の指示がすでに部下将兵に洩れているように感じた。

その直後、西尾常三郎が隊長室をたずねて、

「特攻隊長の任務を、ぜひ自分にやらせていただきたい」

と申し出た。

大西中佐は、西尾の決意を示す眼光と凛然とした態度に襟を正した。

この日以降、多くの将校と下士官が特攻要員を志望し、とくに石川廣中尉は血書を認《したた》めて上申し、大西中佐を感動させた。

大西飛行隊長は、改めて志願者と面接してその意志を確認し、西尾少佐以下の要員を

選定して川上師団長に報告した。

この件《くだり》はつぎのように解釈できる。特攻編成を命令された大西某（中佐）は自分自身を富嶽隊長に自薦したところ上司の師団長がそれを拒否した。そんな経緯《いきさつ》を察して部下の西尾常三郎が富嶽隊長を買って出た（志願）ということだ。富嶽隊で部下となる石川廣（後述遺書参照）は血書志願であったとしている。著者の河内山譲は、陸軍航空士官学校出身、敗戦後は航空自衛隊に入隊し一九六九年に退官している。前述の高木俊朗（ジャーナリスト）とは全く違う人生である。西尾常三郎という同一の人物を巡って、著者の職業の違いからも見方が違ってくるのは当然であろう。ところで、『恩愛』（河内山）の短い記述からの筆者なりの感想であるが、西尾常三郎の「志願」は心底からのものであったとは伝わってこない。西尾常三郎は大西某の胸中を察して敢えて特攻隊長を買って出たという、この人なりの「美学」と、そして「志願」を「当然」とするその時代の「強迫観念」が背景にあったような気がしてならない。

西尾常三郎はフィリピンへの出発直前に妻あてに遺書を残している。自宅で書かれたものを直接、妻に渡している。だから西尾常三郎の全てがそこには書き残されているものと考える。遺書から西尾常三郎のその瞬間での心情を推測したい。そして、そこから特攻とは一体何であったかの一端を垣間見ておきたい。遺書の出典は『恩愛』（河内山）である。同著には西尾常三郎以外の富嶽隊員の遺書も多く掲載されている。まずその中からいくつか引用させていただく。

国重武夫〈准尉　操縦学生　一九四四年〈昭和一九〉一一月一三日戦死　三〇歳〉

明朗、醜敵に対し身を以て攻撃を敢行す
一、わが戦死後は軍人の妻として充分に自重せよ
二、生れる子供の将来を考え　呉々も自愛の上強く正しく生きよ
三、子供の養育は誠心と愛を以て当るべし
四、教育は最大限なるべし　然もその性格を見ぬき伸びる道を進ますべし　職業は何れにても可なり
五、身重の身なれば暑さ寒さに気を付け安産を祈る
六、母なる職分を全うすると共に、子供の将来を呉々も頼む
由喜子殿

（十一月十一日二三五〇）

（河内山譲『恩愛の絆断ち難し』光人社　一九九〇年より）

戦死二日前の遺書である。「操縦学生」とは、現役下士官から航空を志願した人たちである。この人には妻がいた。その妻に、これからの生き方を諭している。この人は生まれてく

る子どもの顔を見ることが出来ない。その子どものことが気掛かりのようだ。いずれにせよ、家族への愛に溢れている。

幸保栄治（曹長　召集　一九四四年〈昭和一九〉一一月二五日戦死　二六歳）

御両親様
前日出発するも敵なし
本日只今より待望の攻撃に出発します
富嶽の翼の下、醜敵米軍を慴伏せしむる以外なにもなし
義は富嶽　死は体当
空母に着く迄は武運強かれ
御楯われ　成功を念ずるのみ
出発いたします

（河内山譲『恩愛の絆断ち難し』光人社　一九九〇年より）

出典の『恩愛』（河内山）は一一月二三日に記されたとしている。戦死二日前の遺書である。「召集」とは、一般現役兵から航空に志願した人を言う。誰もが航空に転科できたのではない。難しい選考が待っていた。優秀な人たちであった。遺書はやや紋切り型である。一方、使命感に溢れている。

須永義次（軍曹　召集　一九四四年〈昭和一九〉一一月一五日戦死　二五歳）
兄上および妹　弟へ
兄上や弟妹よ　われなき後は小生の分まで両親に孝行を尽して下さい
兄上も早く嫁をもらって親達を安心させて下さい
弟や妹達にも色々と心配を掛けたが　許してくれ
自分が言いたい事は　帰郷した時話しておいた筈だ　皆あの通りだ　兄弟力を合わせ両親を又家と国家を守ってくれ
では　もう時間がなくなった　走り書きで誠に申訳ない　許してくれ
役場の方や親類の方々近所の皆様にも書く間がない　宜しく伝えてくれ　お願いする
十一月十二日　於クラーク
（河内山譲『恩愛の絆断ち難し』光人社　一九九〇年より）

この人は三日前に記したことになる。同じ召集兵出身だが前述の幸保栄治とは随分と内容が違う。家族のことで埋め尽くされている。召集兵出身者の遺書は、むしろ、この人のように家族愛に溢れているものが多い。

石川　廣（中尉　陸士　一九四四年〈昭和一九〉一二月一六日戦死　二二歳）

喜んで下さい　粘りに粘ります
死のうが一定　唯運命
その運命をも支配すべき強力な意志をもて　我行かん
本日　特攻の大任を拝し　不肖　世にいう五十年の人生を孜々汲々とせずして　悠久の
大義に生きることを最大の喜びとす　（一〇月二五日）
（河内山譲『恩愛の絆断ち難し』光人社　一九九〇年より）

「一〇月二五日」の記載からも、戦死のかなり以前に記されたようだ。この人は富嶽隊に血書志願したと『恩愛』（河内山）は言う。勇ましい遺書で使命感に溢れている。陸士出身者には、このような内容が多い。だが紋切り型である。だからと言って、これを単なる建前としてはならない。陸軍士官学校出身者の矜持がこのように言わしめている。これは本音である。

丸山茂雄（伍長　召集　一九四四年〈昭和一九〉一二月一六日戦死　二三歳）
二十余年の間何不自由なく御育て下された御温情　厚く厚く御礼を申し上げます
顧みれば未だ何一つ御恩返しもせず　又此度は老の身に先立つ不孝を何卒御許し下さい
然しながら喜んで下さい　否　褒めて下さい　茂雄はこの度弱輩の身を以て特別攻撃隊
の一員に選ばれ　大任を遂行する栄誉を得たのです

今　出発するに際し　祈るのは唯々成功のみ　必ず日本男児として恥じない最後を御見せします　最後に一つお願いする事は　茂雄の墓は源治兄上より小さな石でお建て下さい

御両親様の永久に御健在あらん事を御祈りします

（攻撃の前夜　クラーク基地にて）

（河内山譲『恩愛の絆断ち難し』光人社　一九九〇年より）

出典脚注には「攻撃前夜」に記したとある。この人も召集兵出身だ。両親への愛情が記されている。一方使命感に溢れている。

検閲もありうる遺書には本音ばかりが書かれているとは考えられない。外面的な繕いも当然にあり得る。ここに書かれていることが特攻の真実の全てを語っている訳では決してない。しかしながら、以上の遺書からは、『陸軍特攻』（高木）の言うような、特攻は「だまし討ち」であったことを窺《うかが》い知る内容はあまり伝わってこない。

ところで、つぎに引用する遺書は少し雰囲気が違う。富嶽隊長西尾常三郎の遺書である。フィリピンへの出発前に自宅で書かれたという。新婚四ヶ月の妻早苗に「出発後（フィリピンへの出発―引用者注）みるのだぞ」と手渡したと『恩愛』（河内山）は紹介する。妻に直に手渡していることから検閲の心配はない。誰憚《はばか》ることなく書き綴られたものと推測する。そこには、つぎのように記されていたという。『恩愛』（河内山）には遺書の写真が掲載されている。筆者筆写のうえ引用する。

西尾常三郎
恩愛の絆は断ち難し
断ち難きは心弱きにあらず
一たびこれを断たは如何
強き絆は強き反動を生ず
断　断乎　断
今や全く心静なり

（河内山譲『恩愛の絆断ち難し』光人社　一九九〇年より）

多くの遺書の中で、この人の遺書は異色だ。むしろ奇異な感じさえする。陸軍航空特攻隊員の残した多くの遺書は、概《おおむ》ね四つの内容から成り立っている。①「天皇陛下万歳」で代表される皇国史観、②「特攻隊員に選ばれたことは男子の本懐」とする使命感、③父母への感謝や兄弟への気遣い、自分を育んでくれた近隣の人々への感謝、そして④日本の原風景への憧憬、等である。このことについては拙著『元気で命中に参ります』（元就出版社　二〇〇四年）を参照いただければ幸いである。特攻隊員の残した遺書には、これらの四つの内容が濃く淡く彩られ、後世遺書を読む者にこの人たちの優しく、また決然とした決意を語りかける。

ところで、西尾の遺書にはこれらが一切ない。内容は難解だ。また、妻に直接手渡した遺書にしては優しい言葉の一片もない。むしろ突き放したような印象を受ける。この人の遺書はこれを読む妻早苗の受け止めだけが大切である。それ以外の第三者の解釈は邪道である。しかし、筆者はこの遺書が随分と気になる。ひとつひとつの言葉に深い意味が隠されているように思う。そこで、邪道と知りながら、敢えて筆者なりの解釈を試みたい。

遺書の最初の言葉は「恩愛の絆」とある。ここで言う「恩」とは父と母への敬慕であろう。「愛」とは妻早苗への恋情を指しているのであろう。その「恩愛の絆」を「断ち難い」としている。西尾常三郎は父母への敬慕はもちろんのこと妻早苗を心から愛していたのであろう。言葉づかいは簡素で淡白だが、この一言に家族への深い愛を感じる。その「絆」の断ち難いことは「心弱きにあらず」と一旦断《ことわ》りが入る。こんな断りを入れること自体が、実は「心弱き」ことであることを率直に認めているようなものだ。西尾は自分が「心弱き」人間であることを言外で吐露している。しかし、「心弱き」ことは「未練」であり、それは「怯懦《きょうだ》」と「卑怯《ひきょう》」に繋がる。そんな時代であった。だから「心弱きにあらず」は西尾常三郎の意地であろう。しかし、これが単なる「意地」だけならつぎが続かない。西尾常三郎は「断ち難し」故に断固として「恩愛の絆」を断ち切らねばならないとしている。何故そうなのか、「一たびこれを断たは如何」、ひとたび「恩愛の絆」を断ち切れば、その反作用、すなわち「強き反動」が生まれる。西尾常三郎の本意はこの「反動」にある。「恩愛」が強いほど、それを断つ時の「反動」は一層に強くなる。ところで、この「反動」が不可解で意味不明である。一体何を指しているのか。つぎは筆者の全くの推測であるが、「反動」とは父母への敬慕と妻への愛を断ち切ることとの反作用、その反作用の「勢い」から生まれる国家への愛、祖国への愛、守るべき日本国民への愛を意味しているのではないだろうか。これが「恩愛の絆」を断ち切らねばならない本意であり、家族への愛を超克した祖国日本への普遍的な愛を言っているような気がしてならない。家族への愛を断ち切った勢いを借りて、もうひとつの愛、すなわち祖国日本への愛に突き進もうとしているように感じる。

　つぎの「断　断乎　断」にも深い意味合いがありそうだ。この「断乎」は「だんこ」（「断固」）である。この場合の「断」は事を為すことの強い意思の意であり、「乎《こ》」はその「断」を強める接尾語となる。揺ぎない決意を表している。強い決意なら「断々乎」と結べば好い。しかし、この人は「断　断乎　断」と綴っている。ところで「乎」は「か」とも読む。筆者はこの「乎」を疑問と詠嘆の終助詞「か」と受け止めたい（新村出『広辞苑』岩波書店　昭和四二年　第一版二六刷）。そして「断」を文字通り「断つ」と読みたい。何を「断つ」のか。「恩愛の絆」をである。その文脈からこの一句を「（恩愛の絆を）断つべし！　否、断つべき乎《か》？　しかり、断つべし！」と解釈したい。このように解釈する方が自然ではないかとも考える。こう読み解くことにより西尾常三郎のさらに強い決意が響いてくる。「断　断乎《か》　断」と自分に言い聞かせながら、家族との絆を「断ち」切り、その反動として生まれる航空特攻への熱情を「断乎」（だんこ）として受け止め、航空特攻の完遂を期しているかのようだ。

筆者（私）は西尾常三郎は明らかに苦悶していると感じ取る。家族への愛を「断ち」切ることによって、航空特攻への勢いづけをしているような、そんな慟哭にも似たものを感じる。そして、その煩悶と苦悶の果てに得たものは何か。まさしく「心静かなり」の悟りの境地である。ここに陸士出身者の矜持があるように感じられる。「今や全く心静かなり」の最後の一句に西尾常三郎の決然とした意志を感じる。

ついでながら、「断」の一字には、筆者（私）はさらにもう一つの深い謎があるように思われる。これも全くの推測であるが、妻早苗との「恩愛の絆」を断乎として「断つ」ことにより、妻早苗に新しい人生を歩むように暗に諭《さと》しているようにも聞こえる。実は航空特攻隊員の残した遺書や日記には、妻や婚約者に自分亡き後は自分を忘れて「新しい人生」を歩むように諭すものがある。親が勧める結婚話を決然と拒否して出撃していった人もいる。事例として多い訳ではないが、その口調は決然としている。その人を愛するが故の人生最後の決意であり、死んでいく者が最後に残す優しさである。西尾常三郎の「断」の一字の本意も案外この辺りにあるような気がする。妻の幸せあれかしと念じた後の「心静かなり」は、この人の一息の安堵であったのかもしれない。そんな風に受け止めるのは筆者の考え過ぎであろうか。

西尾常三郎の遺書は、前述の富嶽隊員たちの遺書や、また、その後の陸軍航空特攻隊員が残した多くの遺書とは随分と違う。多くの遺書は、ステロタイプな勇ましい内容であったり、特攻隊員としての誇りであったり、また、家族への限りない愛情であったり、さらには、これまでの感謝であったり、これらの要素が濃く淡く絡み合いながら、それぞれの個性を伝えている。第三者が読んでも、遺書を残した人たちの心情がストレートに「ひしひし」と伝わってくる。しかし、西尾常三郎の遺書は全く異質だ。まず難しい。妻でさえ寄せ付けない厳しさが漂っている。新婚四ヶ月の妻に残した遺書である。しかも自宅で書かれたと考えられる。それを直《じか》に妻に手渡している。この遺書は、まさしく妻早苗への本音そのものである。それにしては、優しさの一片もない。突き放したような文面が連なる。この人の個性がこのようにさせたのか。あるいは、特攻への熱情がこうなったのか。あるいは、特攻を受け入れるには何らかの勢い付けが必要であったのか。西尾常三郎の輻輳する心理が反映しているかのようだ。ただならぬ雰囲気だ。独善的な解釈であるが、西尾常三郎は父母と妻への愛を断ち切ることによって、そこから生まれる「反動」をバネにして、心底では受け入れ難かった航空特攻への勢い付けをしたのではないだろうか。筆者は西尾常三郎の残した遺書の真相をこのように勝手に解釈している。

この遺書をしたためた数日後（一九四四年一〇月二六日）に富嶽隊は浜松基地からフィリピンに出発している。その出陣式に西尾常三郎は部下に訓示をしている。その訓示の最中に西尾は部下や上官を前にして大声を出して泣いたという。この情景を『陸軍特攻』（高木）より引用する。情景は著者の高木俊朗が目撃したのではない、前後の推測から、富嶽隊から生還した梨子田（曹長）の証言に基づくものと考えられる。

やがて西尾少佐は、隊員を集合させた。西尾少佐は隊列の正面に立って、鋭い視線で隊員の顔をひとりずつ見まわしてから、

「西尾が今から特別攻撃隊富嶽隊の隊長として、みんなと生死をともにすることになった」

緊張した声であった。さらに言葉をつづけて、

「西尾は、この任務のため、まっさきに突入する決心である。みんなも、西尾につづいて、ひとり残らず軍神になってもらいたい」

と、いった時、声がふるえて、涙声になった。部下の全員が注目しているなかで、西尾少佐の両の目から、涙があふれおち、声はとぎれた。こみあげる激情を押えようとしているようであった。しかし、その努力とは逆に、むせび泣きをはじめた。涙は、さらに流れ、顔はゆがんだ。西尾少佐は、そのままの形で、全身に力をいれて、耐えていたが、突然、からだを横にそむけた。その肩のあたりがふるえ、むせび泣く声が大きく聞えた。

隊員は、悲壮厳粛の気持になり、息をのんで立っていた。西尾少佐は、日ごろ、感情の起伏が大きかった。それにしても、多数の人の注視しているなかで、声を放って泣くのは、異常なことにちがいなかった。この、航空の古豪が、自分の感情を押えきれない

でいるのは、異例の出陣式や、恩賜の酒に感激したためとは思えなかった。やはり、体当りという、思いがけない現実に直面した心の衝動のためであったろう。

西尾少佐のむせび泣く声は、次第に高まり、さらに長くつづいた。その声は格納庫のなかに反響し、異様に聞えた。しばらくして、西尾少佐は、気をとりなおし、川上師団長に向って、申告した。

「西尾少佐以下二十六名、ただ今より出発します」

まだ、涙声であった。西尾少佐は、隊員に、

「わかれ」

を命ずると、顔をそむけるようにして、走って出て行った。隊員は、そのあとにつづいた。

『陸軍特攻』（高木）は、この情景を異様なものとして記している。西尾常三郎が心底から特攻を受け入れていなかったことの表れであることを暗示している。ところで『恩愛』（河内山）は少し違う。この出陣式に参加していた同期の帖佐宗親の証言と断ったうえで次のように言う。

そして、引きつづき簡素な出陣式が行なわれて、式を終わった。

やがて、西尾隊長は師団の将兵が見まもる中で、隊員に対し航空図をひろげて、航進

上の細部の指示をあたえた。隊列の中にあってはるかにこれを見ていた同期の帖佐宗親は、指示をあたえる西尾も神ならば、これを聴く人たちも神、これはまさしく決死ではなく必死を期する神々の最後の団居《まどい》の姿だという締めつけられるような緊張感を覚えたという。

『恩愛』（河内山）は西尾常三郎の毅然とした姿を彷彿とさせる。ここからは泣き声は聞こえてこない。この日の出陣式は家族の飛行場への入場を認めていない。見送りを禁じている。妻早苗は飛行場の片隅の堤防から、夫の飛行機を見送ったと『恩愛』（河内山）は記す。このことからも、西尾常三郎の慟哭は妻早苗には聞こえていない。

西尾常三郎は前述の遺書とは別に、フィリピンへの出発直前に妻あてに手紙を残している。この手紙は『陸軍特攻』（高木）と『恩愛』（河内山）の両著に紹介されているが表現が少し違う。まず『陸軍特攻』（高木）より――

《つきぬ思いだった。ただ、御幸福を祈るのみだ。おれの姿を思い出してくれ。明日は前進する。返事はいらない。御母上には、よく仕えてくれ。今の願いは、それだけだ。

万歳　万歳　万歳

早苗殿》

つぎに『恩愛』（河内山）より――

拝啓　どうもいろいろ有難う。尽きぬ四ケ月の思い出だった。唯々御幸福を祈るのみだ。お前の写真と手紙と御守とを抱いて行く俺の姿を想像してくれ。

小さい乍ら富嶽隊長だ。断じてやる。

明日は〇〇《（マヽ）》に前進する。返事は要らない。御母様、御父様によく仕えてくれ。今の思いはそれだけだ。萬歳　萬歳　萬歳。

早苗殿

常三郎

二つを引用したが、内容から『恩愛』（河内山）が原典に忠実と考える。「お前の写真と手紙と御守とを抱いて行く俺の姿を想像してくれ」、この一言に西尾常三郎の妻へのいじらしい甘えのようなものが感じられる。そして「返事は要らない」とここでも意地を張る。西尾常三郎の「美学」が常にこのように言わしめているかのようだ。西尾常三郎は万歳を三唱している。特攻出撃の万歳とも受け取れるが、前後の文脈から、「早苗殿」への万歳三唱とも感じられる。

気になる一文がある。「御母様、御父様によく仕えてくれ」の一言である。「嫁」として西尾家に仕えるように諭《さと》している。勿論そういう時代であった。先述の「断　断乎　断」の遺書では、筆者は、西尾は妻早苗に新しい人生を歩むように暗示しているのではないかと分析したが、この一文からはそのような一面は窺《うかが》えない。むしろ古風な家系にこだわっている。ところで、その後の妻早苗の消息であるが、一九四六年（昭和二一）三月に早苗は仲に立つ人があって西尾の籍を抜き実家（岡田性）に戻ったという。西尾常三郎の母いいや近親者も同意であったと『恩愛』（河内山）は記す。男たちの猛々《たけだけ》しい慟哭はそれなりに歴史に刻み込まれている。一方、女たちの息を殺した悲しみは誰が気付くともなく時空のかなたに千《ち》切《ぎ》れていく。

西尾常三郎の航空特攻への決意を彷彿とさせる一文がある。『恩愛』（河内山）は一九四三年（昭和一八）一一月九日付の西尾の日記を紹介する。戦死の一年前のことである。そこにはつぎのように綴られている。

十一月九日
十一月以来のブーゲンビル島（ソロモン諸島）方面の作戦に海軍の体当たり攻撃を報ず。
我が当面する作戦においてもまさに体当たりすべし。
決死隊を募ることあらば、まさに第一着にすべし。国家の安危なり、生を求むべからず。

通信手も要らず。機関係も射手も要らず。五百キロ弾を抱きて計画的体当たりを用うべし。決行すべし。

この頃は、まだ陸海軍とも組織的な特攻作戦を採っていない。ここでいう「海軍の体当り攻撃」は、咄嗟の判断による局地的なものを指しているのであろう。とにかく、陸海軍による作戦としての組織的特攻が実施される丁度一年前に、西尾常三郎はこのように言っている。この人には確固たる航空特攻への意思がすでにあったことは確かなようだ。

『陸軍特攻』（高木）は、フィリピンでの特攻命令は空中勤務者への「だまし討ち」であったとしている。西尾常三郎もだまされた一人として描かれている。一方、『恩愛』（河内山）は西尾常三郎の日記を取り上げながら、決然とした西尾常三郎を描く。自らの意思として航空特攻を受け入れていたと暗示する。フィリピンでの航空特攻は、体当り攻撃を隠したものであったのかもしれない。あるいは「だまし討ち」であったのかもしれない。司令部の側の無理な命令があったのは事実であろう。しかしながら、それでも、なお、特攻を自明のこととして従容として受け入れようと苦悶した、こんな輻輳する心境を西尾常三郎の遺書は我々に語りかけているような気がする。

富嶽隊は二ヶ月の間に、合計一四回の出撃を繰り返している。そのうち七回は全機が引き返している。富嶽隊の出撃状況を見渡した時、この部隊が整然と出撃したとは言い難い。どこかギクシャクした感は否めない。一八名の隊員が戦死し、八機の『四式重爆 飛龍』が喪《うしな》われ、一機が大破している。しかしながら、大層な編成と兵装の割には戦果が殆ど挙がっていない。わずかに、一一月一二日の最後の出撃に戦果の可能性が残る。富嶽隊の消息をつぎに記しておく。

一九四四年一一月 七 日　山本達夫（中尉　陸士　二四歳）
　　　　　　　　　　　　浦田六郎（軍曹　召集　二五歳）
一九四四年一一月一三日　西尾常三郎（少佐　陸士　二八歳）
　　　　　　　　　　　　柴田禎男（少尉　陸士　二〇歳）
　　　　　　　　　　　　米津芳太郎（少尉　少尉候　二六歳）
　　　　　　　　　　　　荘司楠一（曹長　召集　二六歳）
　　　　　　　　　　　　国重武夫（准尉　操縦学　三〇歳）
　　　　　　　　　　　　島村信夫（曹長　召集　二五歳）
一九四四年一一月一五日　須永義次（軍曹　召集　二五歳）
　　　　　　　　　　　　幸保栄治（曹長　召集　二六歳）
一九四四年一二月一六日　石川　廣（中尉　陸士　二二歳）
　　　　　　　　　　　　本谷友雄（曹長　召集　二六歳）
　　　　　　　　　　　　古沢幸紀（曹長　召集　二三歳）
　　　　　　　　　　　　丸山茂雄（伍長　召集　二三歳）

一九四五年一月一〇日　曾我邦夫（大尉　陸士二四歳）
一九四五年一　月一二日　進藤浩康（大尉　陸士二六歳）
根木基夫（大尉　陸士二三歳）
宇田富福（伍長　少飛二一歳）

『陸軍特攻』（高木）の言うように、この部隊には航空特攻に対する逡巡があったのかもしれない。特攻忌避ではない。航空特攻への疑問である。歴戦の空中勤務者を、たった一回の出撃で喪う特攻作戦への疑問である。この時期はまだ熟練空中勤務者が健在であった。繰り返しの通常攻撃が常套の作戦であり、体当りは邪道であるとの考えがあったのも事実である。空中勤務者自身による、その瞬間での咄嗟の判断による体当りはすでにあった。そんな航空特攻なら充分に受け入れられる心情はすでにあった。

しかし、命令による強制的な航空特攻への疑問がこの時期のベテラン空中勤務者にあったとすれば、それは健全なことであり、むしろ当然である。そんな当然な認識が命令により端から断ち切られた戸惑いが、この時期の陸軍空中勤務者にあったとしても不思議ではない。その死が、攻撃の結果によるものならば、陸軍空中勤務者たちにはその覚悟は端から出来上がっている。しかし航空特攻は、まず死があり、その死を前提とした攻撃なのである。順序が逆である。同じ戦死でも意味が全く違う。

西尾常三郎の遺書から、また、富嶽隊の出撃状況から、この時期の特攻統帥に無理があったのではないかと推測せざるをえない。勿論、陸軍航空特攻の全般がこうであった訳ではない。その後の多くの特攻部隊と特攻隊員は決然と出撃をしている。この状況は拙著『元気で命中に参ります』（元就出版社 二〇〇四年）を参考にしていただきたい。富嶽隊は陸軍航空特攻の初期の段階である。統帥の側にも混乱があったのかもしれない。また、命令される側にも相当な戸惑いがあったに違いない。筆者は命令する側と命令される側の間に、この時期には「ズレ」があったと考えている。

陸軍航空特攻隊員の残した多くの遺書からも、この人たちに端から特攻「忌避」があったとは考えにくい。西尾常三郎は一九三八年（昭和一三）に陸軍航空士官学校を卒業している。時あたかも日中戦争の折である。重爆撃機の隊長として多くの戦場に転戦し多くの戦死と事故を見てきている。戦死はこの人たちにとっては日常であり自明のことである。特別なことではない。また、一九四四年（昭和一九）時点での日本が抱えていた厳しい戦局への冷静な認識もあったはずだ。飛行機はその当時の決戦兵器である。高い戦死率が待っている。その「死」によってしか戦局の打開はないとの切迫した使命感が当然に醸成されていたはずだ。問題は、「死」そのものではなく、その「死」に方であったように思う。当時の陸軍には、まだ相当なベテラン空中勤務者が多く健在であった。西尾常三郎は陸軍重爆撃隊の重鎮であった。そんな有為の人に有無を言わせない特攻命令が下された。この人たちは『四式重爆飛龍』という高性能機との組み合わせで通常攻撃にもまだ充分に対応できたと考えられる。

しかし、この人たちに与えられた任務は、たった一度の出撃で決して帰ってきてはならない航空特攻という、この人たちの気持ちとはかけ離れた、これまでには考えさえ及ばなかった、また、いかに軍隊であろうとも、決して命じてはならない、まさしく外道の統帥があてがわれた。

※特攻機には爆弾が固定されていたと戦後流布されているが、これは正しくない。フィリピンでの初期の陸軍航空特攻以外では、その殆どの特攻機は、陸海軍とも爆弾は固定されておらず、不時着や引き返しを想定して爆弾は投下されるようになっていた。陸軍が発行した特攻隊員の必携にもこのことは明記されていた。しかしながら、戦後の多くの解説では爆弾は機体に固定されていたとするのが一般である。その理由は、陸軍航空特攻の初期では、万朶隊や富嶽隊のように機体内に爆装固定されていたことによるものと筆者（私）は考えている。一部の事例を除いて、爆弾は固定されていなかった。その理由は固定するよりも、投下可能にした方が合理的であったからに他ならない。

第二章——何処に逝《い》った出丸中尉

フィリピンにおける陸軍航空特攻で起きた、もう一つの悲劇を『陸軍特攻』(高木)を底本として記しておきたい。八紘第三隊靖国隊長の出丸一男(中尉 一九四四年〈昭和一九〉一二月二六日戦死 二二歳)のことである。この部隊の兵装は改修「特攻機」ではない。『一式戦闘機 隼《はやぶさ》』(以下『一式戦 隼』)である。万朶隊と富嶽隊以降の航空特攻の全ては通常の戦闘機や襲撃機に爆装し特攻運用されている。出丸一男も、標準機である『一式戦 隼』の翼下に爆装して出撃している。

『一式戦 隼《はやぶさ》』(キ-43)、中島飛行機製、一九四一年(昭和一六)の制式採用。日本陸軍機を代表する軽戦闘機である。軽戦闘機とは格闘空中戦法を目的として設計されたもので、何よりも運動性能を重視した戦闘機を言う。飛行機は軽量で武装も軽武装である。日本が最も得意とした設計仕様であるが、アジア太平洋戦争突入時は、世界の趨勢は重戦闘機、すなわち高馬力で重武装の戦闘機へと換わりつつあった。『一式戦 隼』は軽戦闘機としては世界でも有数の性能をもっていたが、連合国軍の重戦闘機群には無力であった。アジア太平洋戦争の一九四四年（昭和一九）時点では性能的にも絶望的な劣勢となっていた。しかし、陸軍空中勤務者の評判はよかったようだ。高出力エンジンへの転換や重武装への転換など、多くの改良が加えられ、終戦まで生産が続けられている。

『一式戦闘機　隼』

　ところで、この『一式戦　隼』で兵装された八紘第三隊靖国隊長出丸一男の戦死の状況が不可解である。本章では、このことについて記しておきたい。

　資料によってこの人の戦死日が異なる。戦死日が異なるケースは他にも少なからずある。しかし、その殆《ほとん》どは、それなりの理由があるように考えられる。資料間の戦死日の誤差を調査すれば、その誤差の生じるやむを得ない状況なり、必然のようなものが感じられる場合が多い。誤差が生じるのにはそれなりの理由が背景にある。これは筆者が『特攻データベース』（筆者）を作成する過程で感じた率直な感想である。しかしながら、出丸一男の戦死日の誤差にはそれが感じられない。とにかく、資料によってその戦死日がまちまちである。ここに出丸一男の戦死に謎めいたものを感じさせる一因がある。

　八紘第三隊靖国隊は隊長出丸一男（中尉　陸士　二一歳）をはじ

め、谷川昌弘（少尉 幹候 二三歳）、大坪明（少尉 幹候 二三歳）、秦音次郎（少尉 幹候 二三歳）、村岡義人（軍曹 少飛 二〇歳）、木下顕吾（軍曹 少飛 特攻からは生還）、松浦一郎（軍曹 少飛 特攻外戦死）、石井一十四（伍長 少飛 二三歳）、河島鉄蔵（伍長 少飛 一八歳）、寺島忠正（伍長 少飛 一九歳）、松井秀雄（伍長 少飛 二〇歳）、五十嵐四郎（伍長 少飛 年齢不明）の一二名の中隊編成である。このうち木下顕吾（軍曹）と松浦一郎（軍曹）の二人は特攻からは生還している。残り一〇名は一九四四年（昭和一九）一一月末から一二月末の一ヶ月間で戦死している。

一九四四年（昭和一九）一一月二四日、出丸一男、村岡義人、木下顕吾の三名に午後六時過ぎ出撃命令が出た。この日、村岡機だけが暗闇の海に急降下をしていったようだ。それが突入であったかどうかは『陸軍特攻』（高木）と『特攻データベース』（筆者）からは判然としない。降下した海面にわずかに炎があがり、すぐに消えたようだ。出丸一男らの残る二機は連合国軍の艦船を探したが目標は発見されなかった。出丸一男と木下顕吾はこの日生還している。村岡機だけが空しく海面に突入していった。この日、連合国軍側の被害は記録されていない。

その二日後の一九四四年一一月二六日、午前一〇時、出丸一男、谷川昌弘、大坪明、木下顕吾の四名に出撃命令が下った。この日は水野某（中尉）が指揮する第五十四戦隊が出丸らの八紘第三隊靖国隊の直援を行っている。その水野某の証言として『陸軍特攻』（高木）は、この時の八紘第三隊靖国隊の状況をつぎのように記している。

（略）隼機は離陸をはじめた。水野中尉はアメリカ機の来襲にばかり気をとられていたから、特攻機の離陸が、大地との最後の別れであるというような感慨を浮べている余裕はなかった。しかし、離陸した機影が椰子林のこずえすれすれに飛び去った時には、胸にせまるものを感じた。

特攻機は『へ』の字型の編隊をくむと、徐々に高度をとりながら、南東へ機首を向けた。

まもなく、特攻隊と掩護戦闘隊の各編隊は、シライ山とマンダラガン山の間の鞍部を越えた。行く手には、タノン海峡をへだてて、セブ島が横たわっている。海峡に出た時、特攻機の編隊は機首を北北東に転じた。海峡にそって北上する計画らしかった。ここからは、目ざすレイテ湾は、すでに間近い。あと三十分もしたら、敵艦に突入するというのに、ぴったりとくんだ編隊は、すこしもゆるがない。水野中尉は身のひきしまるのを感じた。

（略）

水野中尉は胸に切ないほど、それを美しいと感じた。〈死生の境を超越した姿というべきだろうか。そう思うのは、自分の思いすごしだろうか〉

引用した最後の二行は印象的だ。直掩隊長の水野某は八紘第三隊靖国隊の四機編隊を「切ないほど、それを美しいと感じた」と証言している。死を決した編隊がよほど切なく美しかったのであろう。特攻出撃の悲愴を髣髴《ほうふつ》とさせる。それが悲愴であればあるほどに、その姿は美しく気高く映じるのであろう。そんな感慨も束の間であった。アメリカ軍の『ロッキードP38戦闘機』が襲ってきた。水野某は空中戦の末これを追い払った。その間、水野某は出丸一男らの特攻隊の航行を目撃していない。空中戦が一段落ついて海面を見ると輸送船らしき二隻が黒煙を出していたという。そこで、これを特攻機の突入の結果と判断したという。因みに『被害データベース』（筆者）ではこの日、連合国艦船の被害は記録されていない。水野某は基地に帰還後に「特攻機は全機突入、輸送船三隻撃破」と報告した。これは推測による報告であったらしい。しかし、水野某はそのように報告しないではいられなかったようだ。その理由として、『陸軍特攻』（高木）はつぎのように記している。

その理由を、しいて考えれば、あの寄りそうようにして、また、離れまいとすがりつくようにして、ぴったりとくんだ特攻隊の編隊の、悲壮な美しさのためであった。そしてまた、この特攻隊を死に突入させようというのに、師団の運用計画が、あまりにも慎重でなかったことに対する怒りからでもあった。

直援隊長の水野某にとって出丸一男らの八紘第三隊靖国隊の出撃はあまりにも悲愴で、またその編隊は神々しく美しかったようだ。「あの寄りそうようにして、また、離れまいとすがりつくようにして」という表現が胸に迫る。親を失った子どもたちが、お互いが迷子にならないように、励まし支えあいながら、しっかりと手をつないで険しい道を健気に突き進んで行くような、そんな悲しくて切ないおとぎ噺《ばなし》の情景を髣髴とさせる。しかし八紘第三隊靖国隊はおとぎ噺の世界ではない。現実の世界である。だが、特攻出撃を真上から眺めたら、誰もがこのように感慨せざるを得なかったであろう。

しかしながら、この四機は突入をしていない。この日の出丸一男の行動は、水野某の感慨とは裏腹に、特攻を目指すというよりも特攻への迷いがあるような、そんな変則的な行動であったと『陸軍特攻』（高木）は記す。四機のうち出丸一男、谷川昌弘、木下顕吾の三名は日本陸軍が管理する小さな飛行場に不時着をしている。残りの大坪明の消息は『陸軍特攻』（高木）では不明であるが、三日後の一一月二九日に再出撃し戦死していることから（『特攻データベース』筆者）、この日は原隊の基地に生還したのであろう。出丸一男らはその日の夕刻に不時着した基地でマニラ放送ラジオの八紘第三隊靖国隊による突入ニュースを聞くことになる。ラジオ放送は出丸一男ら八紘第三隊靖国隊は大型輸送船四隻大破炎上の戦果を告げている。この時の出丸一男の様子を『陸軍特攻』（高木）より引用する。

「ウワーッ、弱ったなあ」と、声をあげ、頭をかかえこんだ。通信分隊の松村伍長の記憶によれば、出丸中尉はがっかりした様子で、

「これでは帰れない。もう一度レイテに行くほかはない」

と、いったり「死ななければならない」ということを、しきりに口ばしっていた。そのあと出丸中尉は、しばらくは興奮した状態になり、錯乱したのではないかと思われた。

ところで、陸軍の現地司令部では、この日の出丸一男の行動を「問題」と認識していたと『陸軍特攻』（高木）は記している。また、同著はこの日の出丸一男の行動を特攻忌避と推測している。それとは裏腹に、翌二七日には勇ましい大本営発表があった。

《大本営発表（昭和十九年十一月二十七日十九時）》
一、我特別攻撃隊靖国飛行隊は三月二十四日および二十六日レイテ湾内の敵大型艦船に必死必殺の攻撃を敢行、その四隻を大破炎上せしめたり。
右攻撃に参加したる者、次の如し。
十一月二十四日　陸軍軍曹　村岡義人
十一月二十六日　隊長　陸軍中尉　出丸一男
陸軍少尉　谷川昌弘
陸軍軍曹　木下顕吾
（高木俊朗『陸軍特別攻撃隊（上巻）』文藝春秋　一九八三年より）

大本営発表では出丸一男は輸送船を大破したことになっている。出丸一男は抜き差しならぬ状況に追い込まれたことになる。もう後には引けない状況である。『陸軍特攻』（高木）によると、こんな状況の中で出丸一男、谷川昌弘、木下顕吾はそのまま不時着した基地に留まることになる。

一一月二九日に、八紘第三隊靖国隊に次の出撃命令が下される。『陸軍特攻』（高木）によると「靖国隊大坪少尉以下六機が出動」としている。出丸一男と共に二六日に出撃した大坪明の名が記されている。靖国隊長出丸一男と谷川昌弘、木下顕吾の三名は前述のように原隊基地から遠く離れた不時着地にいる。隊長の出丸一男に代わって大坪明が指揮を執ったようだ。この日に出撃した六機（六名）全員が特攻戦死している（『特攻データベース』筆者）。一二月七日には五十嵐四郎（伍長）が出撃し戦死している。

これらの一連の功績に対して、一二月三日付で出丸一男ら八紘第三隊靖国隊に陸軍省より「感状」が発表されている。押尾一彦『特別攻撃隊の記録 陸軍編』（光人社 二〇〇五年）より引用する。

感　状

特別攻撃隊靖国飛行隊

陸軍中尉　出丸一男

陸軍少尉　谷川昌弘

陸軍少尉　大坪明

陸軍少尉　秦音次郎
陸軍軍曹　村岡義人
陸軍軍曹　木下顕吾
陸軍伍長　石井一十四
陸軍伍長　松井秀雄
陸軍伍長　寺島忠正
陸軍伍長　河島鉄蔵

右ノ者ハ「レイテ」湾付近ノ敵艦船攻撃ノ任務ヲ受ケ村岡軍曹ハ昭和十九年十一月二十四日出丸中尉、谷川少尉、木下軍曹ハ同十一月二十六日大坪少尉以下六名ハ同十一月二十九日勇躍出動一機一艦必死以テ必沈ヲ期シ途中敵機ノ跳梁ノ下弾雨ヲ冒シ目標上空ニ進攻果敢ニ体当リ攻撃ヲ決行大型艦船撃沈一隻、大破炎上二隻、大型輸送船撃沈三隻、大破炎上三隻ノ赫々タル戦果ヲ収メタリ

是至誠尽忠悠久ノ大義ニ生キントスル崇高ナル皇軍ノ神髄ニ透徹セルモノニシテ其ノ武功抜群ナリ以テ全軍ノ亀鑑トスベシ

仍《よっ》テ茲《ここ》ニ感状ヲ授与シ之ヲ全軍ニ布告ス（ルビ—引用者）

昭和十九年十二月三日

南方方面陸軍最高指揮官　寺内寿一

（注）ただし、感状には木下顕吾の名が記されているが、今日ではこの人の特攻戦死は記録されていない。一方、今日では特攻戦死となっている五十嵐四郎の名は感状には記されていない。

さらに、この「感状」が一二月二六日に公表されている。『陸軍特攻』（高木）より引用する。

陸軍省発表（昭和十九年十二月二十六日）
十一月下旬「レイテ」湾付近ノ敵艦船ニ体当リ攻撃ヲ敢行セル特別攻撃隊靖国飛行隊隊長出丸一男以下十名ニ対シ、サキニ南方方面陸軍最高指揮官ヨリ感状ヲ授与サレシガ今般畏クモ上聞ニ達セラレタリ

「上聞ニ達セラレタリ」とある。出丸一男にとってはますます抜き差しならぬ状況である。出丸一男はすでに死んだ人となっている。しかも相当な戦果をあげたことになっている。「名誉」の戦死である。『陸軍特攻』（高木）によると、ちょうどこの感状が交付された一二月三日頃に出丸一男と谷川昌弘は不時着地を出発して原隊復帰の行動を起こしている。ところで、谷川昌弘であるが、公式の記録では一一月二六日に戦死とされている。今日でも多くの資料はそのように記している。筆者の『特攻データベース』（筆者）も当然そのようにな

っているが、『陸軍特攻』（高木）では一一月二六日時点では谷川昌弘はまだ生存していることになっている。同著によると一二月に入って出丸一男と共に原隊復帰の行動途中で死亡したと推測している。だから、この人の死亡状況は出丸一男だけが知っていることになる。あと一人の木下顕吾の消息については『陸軍特攻』（高木）は何も記していない。前述したようにこの人は、少なくとも特攻からは生還している。

苦労のすえに原隊に復帰した出丸一男はマラリアに感染しており原隊基地の病室に身体を横たえることになる。そして一九四四年（昭和一九）一二月三一日を迎えた。その日が出丸一男の運命の日となった。大変に重要な箇所である。『陸軍特攻』（高木）より引用させていただく。

昭和十九年の終ろうとする日に、医務室の二階の病室に、足音もあらあらしく、師団の参謀がはいってきた。影山軍医が追いかけてきて、とめようとした。

「出丸中尉殿は、まだ動けませんよ」

参謀は出丸中尉の寝台の横に立ちはだかり、

「出丸中尉、命令だ。今からすぐ出撃せよ」

と、にらみつけた。出丸中尉はあお向けに寝たまま、だまっていた。その顔は、ひげがのびて、一層、やつれをましていた。参謀はいきなり手をのばして、出丸中尉の胸もとをつかんで引起こした。

「出丸中尉、すぐに飛行場に行け」

出丸中尉は、しばらく参謀の顔をにらんでいた。佐々木伍長は隣の寝台で、いきをころしながら、〈出丸中尉といっしょに、だされるのだろう〉と思った。その時、出丸中尉が叫んだ。

「よし、死んでやるぞ」

泣くような、だが、必死の声であった。出丸中尉は立上がったが、足に力がなかった。出丸中尉が飛行服を着るのを、参謀は冷たく見ていたが、佐々木伍長には何もいわなかった。影山軍医も、もはや、どうすることも出来ずに、だまって立っていた。

支度を終った出丸中尉は、歩きかけてから、佐々木伍長のほうを見た。その顔はけわしく、ゆがんでいた。

「佐々木、おれは行くぞ」

悲痛な声を残して、部屋を出て行く出丸中尉の足は、まっすぐに歩けないで、よろめいていた。参謀はそれをうしろから追い立てて行った。ふたりの靴音が聞こえなくなった時、影山軍医がつぶやいた。

「かわいそうに。むりに殺さなくてもいいものを」

軍医たちの努力も、むなしかった。佐々木伍長が残されたことだけが、せめての幸運としなければならなかった。

しばらくして、飛行場に爆音がおこった。一式戦闘機の軽い爆音である。佐々木伍長は起きあがり、窓ぎわによって、滑走路のある方向を見ていた。まもなく、一式戦がまっすぐに離陸して行った。一機だけであった。空中集合する飛行機もなかった。佐々木伍長は（出丸中尉はどこへ行くつもりだろう）と思った。それが、どこへ行くにしろ、その実態は特攻飛行ではなくて、いわば処刑飛行であった。

佐々木伍長は、この時の参謀が、だれであるかを知らない。しかし、荒々しい言葉をはき、出丸中尉をつかみだしていた、ひげづらの、声の大きな参謀の顔は、目に焼きついて、ながく消えなかった。

出丸中尉は、再び帰ってはこなかった。

ここで言う「佐々木伍長」は前述の万朶隊の生還者である。同じ病室にベッドをならべていたようだ。『陸軍特攻』（高木）の記すこのくだりは佐々木友次の証言を軸として構成されているものと考えられる。とにかく、出丸一男の出撃は「処刑飛行」であったと『陸軍特攻』（高木）は記す。

ところで、出丸一男の戦死日は『陸軍特攻』（高木）の記載内容と『特攻データベース』（筆者）との間にズレがある。『特攻データベース』（筆者）では八紘第三隊靖国隊の消息はつぎのようになる。ここでは出丸一男の戦死は「一二月二六日」となっている。

一九四四年一一月二四日　村岡義人（軍曹　少飛　二〇歳）
一九四四年一一月二六日　谷川昌弘（少尉　幹候　二三歳）
一九四四年一一月二九日　大坪　明（少尉　幹候　二三歳）
　　　　　　　　　　　　秦音次郎（少尉　幹候　二三歳）
　　　　　　　　　　　　石井一十四（伍長　少飛　二三歳）
　　　　　　　　　　　　松井秀雄（伍長　少飛　二〇歳）
　　　　　　　　　　　　寺島忠正（伍長　少飛　一九歳）
　　　　　　　　　　　　河島鉄蔵（伍長　少飛　一八歳）
一九四四年一二月　七日　五十嵐四郎（伍長　少飛　年齢不明）
一九四四年一二月二六日　出丸一男（中尉　陸士　二二歳）

一一月二四日の村岡義人の戦死は『陸軍特攻』（高木）と『特攻データベース』（筆者）とは一致する。一一月二六日は『陸軍特攻』（高木）では、四名（四機）の出撃を記している。そして、今日の記録では谷川昌弘の戦死が記載されている。『陸軍特攻』（高木）ではこの日谷川はまだ生存していることになるが、ここでは一応一一月二六日の戦死としておく。これも『特攻データベース』（筆者）と一致する（ただし、谷川昌弘の本当の死亡日は不明である）。一一月二九日は『陸軍特攻』（高木）では出撃者の氏名は記していないが「六機突入」としている。この「六機突入」と『特攻データベース』（筆者）の機数は一致する。一二月七日の五十嵐四郎の戦死も一致する。ところが、一人だけ一致しない人がいる。出丸一男である。『陸軍特攻』（高木）では出丸一男の出撃戦死は「一九四四年（昭和一九）一二月三一日」である。一方『特攻データベース』（筆者）では「一九四四年（昭和一九）一二月二六日」となっている。戦死日が一致しない。「一二月三一日」説は万朶隊生還者の佐々木友次の証言によるものと考えられる。この日は大晦日である。翌日は正月である。フィリピンという外地ではあるが、日本人の精神生活にとって大晦日は大事な日である。佐々木友次の記憶に間違いがあったとは考えにくい。高木俊朗の誤記であることも考えにくい。そこで、出丸一男の戦死日について、筆者の手許にある各資料を刊行年代順に並べてみたい。

まず、その当時（戦時中）、出丸の戦死をどのように伝えていたのであろうか。一九四五年（昭和二〇）に公開されたニュース映画『陸軍特別攻撃隊』（日本映画社 昭和二〇年 以下『ニュース映画』日本映画社）は出丸一男らの出撃戦死を「一二月二六日」としている。この日付には根拠がある。この日、靖国隊は二回目の出撃をしている。出丸一男は確かに出撃している。そして基地には生還していないことはすでに述べた。別の飛行場に不時着をしているが、出撃基地の原隊はこの事情を知らない。だから、当時、この日に出丸一男が戦死したとされても間違いとは言えない。当時の大本営発表も出丸一男ら靖国隊の突入を「一二月二六日」としている。さらに、これに基づき一二月三日付けで「感状」も交付されている。その当時としては、「一二月二六日」の戦死でないと辻褄が合わなくなる。だからこれでよい。

戦後の資料ではどうであろうか。生田惇『陸軍特別攻撃隊史』（ビジネス社 初版 一九七七年）は、そもそも出丸一男の戦死を記していない。同著は八紘第三隊靖国隊の他の全ての戦死者を記しており、その内容は『特攻データベース』（筆者）と一致する。しかし、出丸一男だけが戦死名簿から抜け落ちている。同著は出丸一男の戦死をどこにも記していない。毎日新聞社『別冊一億人の昭和史 特別攻撃隊』（一九七九年）は「一一月二六日」の戦死としている。これは戦中の「一一月二六日」説に依拠しているものと思われる。

以上は「一二月三一日」説を採る『陸軍特攻』（高木）出版（一九八三年）以前の資料である。それでは『陸軍特攻』（高木）出版以降の資料ではどのように記されているのであろうか。特攻慰霊顕彰会『特別攻撃隊』（特攻慰霊顕彰会 初版一九九二年）、モデルアート誌『陸軍特別攻撃隊』（一九九五年）はいずれも「一二月二六日」の戦死としている。森本忠夫『特攻』（文藝春秋一九九二年）では「一一月二六日」に「陸軍特攻『靖国隊』の『一式戦隼』一機が」出撃したと記している。しかしながら、同著は出丸一男の名前を記していない。最近の資料では、押尾一彦『特別攻撃隊の記録 陸軍編』（光人社二〇〇五年）によると「一二月二六日」の戦死と記している。さらに（財）特攻隊戦没者慰霊平和祈念協会『特別攻撃隊全史』（二〇〇八年）も「一二月二六日」となっている。このように、出丸一男の戦死日は資料によって三説に分かれている。

出丸一男の戦死は、戦中資料を拠り所とした「一一月二六日」説、もしくは戦後調査の「一二月二六日」説のどちらかということになるが、ここで蛇足ながら筆者の推測を記しておきたい。「一一月二六日」説は前述のように当時の状況によるものである。だからそれでよい。問題は「一二月二六日」説であるが、実はこの日に出丸一男らの戦死が公表されている。この「公表」が出丸一男戦死の根拠になっていると考えられる。多くの資料の突き合わせの結果では出丸一男の戦死は「一二月二六日」が今日では公式見解となっている。しかしながら、『陸軍特攻』（高木）の言う「一二月三一日」説も証言や当時の状況による十分な根拠があるように考える。

このことについて傍証しておきたいことがある。それは一九四五年（昭和二〇）に公開された前述の『ニュース映画』（日本映画社）である。この映画に疑問の箇所がある。『ニュース映画』（日本映画社）の一つのシーンに出丸一男の出撃が映し出されている。「耳元で整備員が何やら語っている。それにうなずく出丸中尉」のナレーションが付されている。出丸一男の出撃である。

ところで、その画面に映し出される兵装は『九九式襲撃機』（以下『九九襲撃』）である。前述したように出丸一男ら靖国隊の兵装は『一式戦 隼』である。『一式戦 隼』であることは戦後の全ての史料で一致している。ところが『ニュース映画』（日本映画社）に映し出されている出丸一男の兵装は『九九襲撃』である。兵装が明らかに違う。

さらに、その『九九襲撃』の後部座席には偵察員が搭乗している。これもおかしい。陸軍航空特攻の場合は『九九襲撃』のような複座機であっても後部座席の偵察員は特攻出撃からは外されて前部座席の操縦員だけの出撃となっている（海軍神風特攻は違う）。ここに陸軍航空特攻の特徴がある（ただし、少数ではあるが偵察員も特攻出撃している場合もある）。ところが、『ニュース映画』（日本映画社）では偵察者の姿が後部座席に写っている。ということは『ニュース映画』に映し出される『九九襲撃』は特攻出撃ではないということになる。さらにもうひとつ、特攻出撃には二五〇kgが胴体下に懸架される。しかし、『ニュース映画』（日本映画社）の『九九襲撃』にはそれらしき物が見当たらない。爆弾が懸架されていないのである。以上のことから『ニュース映画』（日本映画社）の『九九襲撃』は特攻出撃のものとは考えにくい。そもそも『ニュース映画』に写し出されている人たちの表情がよく分からない。写っているその人が出丸一男本人であるかどうかの確証はない。さらにそのシーンを観ての筆者の印象では、特攻出撃にしては長閑《のどか》で緊張感が伝わってこない。とにかく、『ニュース映画』（日本映画社）を見た当時（昭和二〇年）の人たちは特攻出撃でない情景を、あたかも出丸一男の特攻出撃であるかのように見せられた可能性があると筆者は考える。編集の際の単純な錯誤によるものなのか、あるいは意図的なものであったのか、いずれにせよ陸軍省報道部監修の『ニュース映画』（日本映画社）に「編集」の痕があると筆者は考える。出丸一男の出撃については、陸軍としてこのようにせざるを得ない特別の事情があったのではないかと推測される。この『ニュース映画』（日本映画社）については、次章で詳述する。

閑話休題、話を戻す。とにかく、資料によって出丸一男の戦死日が異なる。これらのことから出丸一男の戦死にはただ事ではない何かが潜んでいると考える。とにかく、出丸一男の戦死状況については腑に落ちないことが多い。

しかし、ここで出丸一男の戦死日がいつであるかの詮索をするつもりはない。戦死日は各資料間で違っていても、実は各資料間に共通する部分がある。その共通する箇所を拾い出し出丸一男戦死の謎の一端を探っていきたい。その共通する部分は二点ある。

まず一点目であるが、出丸一男の戦死は、『特攻データベース』（筆者）では一九四四年「一二月二六日」であり、また、『陸軍特攻』（高木）では「一二月三一日」となっていることは縷々《るる》記してきた。ここに共通することがある。それは両日とも出丸一男以外に他の戦死記録がないという事実である。戦死記録がないからといって、この日に出丸一男以外に出撃がなかったということにはならない。出撃しても生還しておれば当然に戦死記録はない。だから、この日、出丸一男だけの出撃と断定することは出来ないが、とにかく、陸軍航空特攻において、両日は出丸一男一人の戦死記録が残る。すなわち、戦死日が「一二月二六日」であっても「一二月三一日」であっても、この日の出撃は出丸一男だけであったという可能性は残る。特攻出撃は一つの作戦である。敵情把握のうえで出撃命令が下される。また、どんな小規模な出撃であっても、特攻出撃は通常は二機以上で実施されたと言われている。一機だけの出撃は、飛行中の索敵や防御などで不利であり、また突入の際も単機では成功の可能性が低くなる。二機以上の編隊と共同攻撃が防御と攻撃の両面からも効果的である。しかしながら、両日とも出丸一男だけが単機で出撃した可能性が残る。単機による出撃は正常な作戦行動とは考えにくい。「一二月二六日」説を採るにせよ「一二月三一日」説を採るにせよ、この日の出撃は出丸一男単機の可能性が残る。単機での特攻出撃は不自然である。

二点目は、両日とも靖国隊の最後の出撃であるということであり、またその出撃が隊長による出撃であるという事実である。少し説明がいる。一九四四年（昭和一九）のフィリピンでの陸軍航空特攻の出撃状況を調べてみると、特攻隊（陸軍の場合は概ね一二機による中隊編成）の隊長は概ね第一回の出撃もしくは第二回目の出撃で戦死している場合が多い。前述の富嶽隊の場合も二回目の出撃で隊長の西尾常三郎は戦死している。後述する八紘第十隊殉義隊、八紘第八隊勤皇隊そして八紘第六隊石腸隊の場合も、いずれも隊長は第一回目の出撃で戦死している。これは隊長すなわち士官による「率先垂範」によるものと考えられる。隊長が先に突入戦死をして部下が後を追うというのが特攻隊の一般的な行動であったようだ。これはフィリピンにおける特攻だけではない、その後の沖縄戦においても同様である。しかし、出丸一男は二度の出撃でその都度生還をしており、さらにその部隊の最後の特攻戦死となっている。陸士出身の隊長が最後まで生還している事例は『特攻データベース』（筆者）では存在しない。陸軍航空特攻に関しては士官、特に陸士出身者による「率先垂範」は活きていた。靖国隊は部下がつぎつぎと戦死し、隊長の出丸一男だけが残された格好となる。順序が逆さまである。これは他の陸軍航空特攻の戦死状況からも確かに不自然である。このように、「一二月二六日」説を採るにせよ、また、「一二月三一日」説を採るにせよ、出丸一男の戦死には不自然さが残る。

やはり出丸一男の戦死には何かがあったと考えてよい。それが『陸軍特攻』（高木）の言う「処刑飛行」であったのかどうかは分からない。『陸軍特攻』（高木）は出丸一男の「特攻忌避」を暗示している。そしてその文脈から「処刑飛行」は「特攻忌避」の結果によるものであったことを暗示している。その真偽はともかく、当時のニュースフィルムからも、また戦後の各種の資料からも、確かに、出丸一男の出撃には不可解な雰囲気が漂う。

『陸軍特攻』（高木）は、出丸一男は「弱々しい人」であったと記す。そしてこの「弱々しい性格」が特攻忌避に繋がったような印象を与えている。少なくとも筆者にはそのように読み取れる。

村岡英夫『陸軍特攻の記録—隼戦闘隊長の手記』（光人社 二〇〇三年）は出丸一男をつぎのように記している。著者の村岡は陸士出身の戦闘機空中勤務者であった。特攻隊員ではない。特攻を直掩する戦闘機隊の隊長を務めている。一九四四年（昭和一九）一一月のある日、わずか一時間ばかりの面談であったらしいが村岡英夫は出丸一男と会っている。その時の印象である。

マスパテ島に不時着した出丸中尉は、私と同郷の熊本県出身であった。かつて十一月二十日ごろ、内地で編成された靖国隊をひきいてネグロス島に前進するさい、給油のためにカロカンに着陸し、戦闘指揮所にいた私のところで、なつかしそうに一時間ほど話しこんでいったが、先輩、後輩と同郷の気やすさも手つだったのか、彼が沈鬱な表情で私にもらしたのは、特攻戦法にたいする疑問であった。

「生還を期してこそ、想像を絶する危険のなかに突進しうるものであり、いまやってい る特攻は、自殺攻撃ですよ」と、ややニヒルな言葉を口にしたが、特攻隊編成のさい、 隊員は自己の意志で志願したものだ、と聞かされていた私は、愕然とさせられるととも に、認識不足を反省させられたものであった。

著者の村岡英夫は、出丸一男は特攻に懐疑的であったとしている。特攻に対する、そんな 出丸一男の考えが、「弱々しい」態度として人の目に映ったのかもしれない。

特攻隊員の全てが「勇者」であった訳ではない。拙著『元気で命中に参ります』（元就出 版社 二〇〇四年）の読者から「認識を新たにしました」という感想をいただいた。終戦の 年より二〇年後に生まれたその人は、特攻とは一部の「狂信的な愛国主義者」のごく少数の 仕業だと長い間思い込んでいたとのことであった。拙著から特攻隊員はごく普通の青年や少 年であることを知って「新鮮な想い」「認識をあらたにした」との感想であった。筆者はこ の一言に本を著した甲斐を感じた。とにかく、特攻隊員たちは「勇者」などではない。ごく 普通の、気の弱い、心優しい人たちであった。そんな人たちの中にこそ、「いざ」の瞬間に 「勇者」となった人が多かったと聞く。そんな普通の青年や少年たちがその時代の使命を担 いつつ、家族の幸せと国家の未来を夢見つつ決然と出撃していったのである。

出丸一男もそんな人たちの一人であったと思う。「弱々しい」そんな自分を乗り越えて多くの人は機上の人となった。出丸一男には乗り越えなければならない一線を解決することができなかったのであろう。しかし、出丸一男にはその人なりの憂いがあったのではないだろうか。人に言えない何物かが、この人の逡巡につながったのであろうか。しかし、これは当然に起こりうることである。皆が持っていたことである。しかしながら、出丸一男にはその瞬間の自分を取り囲む環境と、その瞬間の気持ちが一致せず、あるいは「特攻忌避」に繋がったのかもしれない。

そんな出丸一男の事情とは関係なく、この人には絶対に生還してはならない環境がすでに出来上がっていた。一一月二六日の「戦果」に対して一二月三日に「感状」が交付されており、そのことが天皇に上奏されたという。さらに一二月二六日にその「感状」が公表されている。出丸一男にとっては「戦死」をしなければならない環境が整いすぎてしまっていた。出丸一男は陸士出身である。陸軍軍人の規範であり率先垂範しなければならない立場である。そのような生い立ちと立場からも、この人に当初から「特攻忌避」があったとは考えにくい。特攻への疑問とこの人の性格がない交ぜとなって、結果として「特攻忌避」と映ることになってしまったのかもしれない。そんな風にも考えられる。

この人の写真が今日に伝えられている。愛機『一式戦 隼』の尾翼が背景である。その垂直尾翼に「イ」「八紘」「出丸」のペンキ書きがある。「イ」とは一番機の意、すなわち隊長機のことである。手を後ろにくみ、やや面長の普通の優しい表情である。飛行服を脱げばごく普通の青年である。

単機出撃で出丸一男は一体どこをどのように飛んでいったのであろうか。この人が短い人生の最後に見たものは一体何であったのだろうか。『陸軍特攻』（高木）によると、この人の出撃（一二月三一日）は雨であったという。この人の人生最後に見た色彩は海と空を包む一面の灰色の世界であったのかもしれない。そんな出丸一男の孤独な飛行を想像するだけで痛みが走る。この人の苦悶は今では誰にも分からない。その苦悶を抱いたまま、無言と孤独のうちに謎を秘めたまま人知れず南溟の空に消えて逝った。その哀しみは六六年の時空を飛び越えて筆者の胸に突き刺さる。

第三章――ニュース映画『陸軍特別攻撃隊』

これまでは『陸軍特攻』（高木）を底本として、フィリピンにおける陸軍航空特攻の一面について述べてきた。『陸軍特攻』（高木）の記す万朶隊や富嶽隊は初期の特攻であった。まだ体制が充分に整っていない。当然に「初期トラブル」とも言える様々な蹉跌は起こるであろう。ところで、特攻が正規の作戦になるにつれて、そんな様相も段々と違ったものになってくる。ある種の「覚悟」のような「落ち着き」が芽生えてくる。

つぎからは『陸軍特攻』（高木）以外の資料から様々な陸軍航空特攻隊員の表情を追想しておきたい。フィリピンにおける陸軍航空特攻は、中央の司令部と現場の特攻隊員との間に相当の「ズレ」があり、それが蹉跌を生んだことは事実であろう。しかし、特攻隊員たちはそんな矛盾を抱えつつも、その時代の使命を担い、従容として、また、自明のこととして特攻を受け入れていたようにも感じられる。この時代を生きた、またこの時代を背負った、当時の若者の決然とした生き方がそこにはあったように思う。そんな若者の姿を記しておきたい。

一九四五年（昭和二〇）に制作されたニュース映画『陸軍特別攻撃隊』（日本映画社　昭和二〇年作品　四〇分　陸軍報道部監修）が復刻されている（『戦記映画　ＮＯ20　陸軍特別攻撃隊』日本映画新社　日本クラウン　以下『ニュース映画』日本映画社）。この記録フィルムはフィリピンにおける陸軍航空特攻を取材している。町の映画館で国威宣揚のプロパガンダとして上映されたのであろう。出撃直前の特攻隊員の姿が写し出されている。その中で特に筆者が気になるいくつかのシーンを取り上げ、印象を記す。

〔……なのである〕

撮影場所は錬成基地（後方訓練基地）と思われる。隊長が隊員に訓示をしている。毛皮の襟のついた飛行服である。かなり寒そうだ。季節は冬であろう。関東地方の基地であろうか、あるいは朝鮮の錬成基地かもしれない。背景には『四式戦闘機疾風《はやて》』が映る。当時の最精鋭機である。

隊長は言う。「（略）……かならず　敵艦を撃沈せよということである」、「日本人である感激におののき　あくまで　がんばってかならず　敵艦を轟沈するのである」、「心の準備それは十分にできていることと思うが　任務を完遂するということは　非常に　困難なことである」、「……立派に　死んでもらいたい」。二〇歳を少し越えた年齢であろう。眉毛の太い人である。眼をしばたたかせながら、時おり唾をのみこみながら、途切れ途切れにトツトツとしゃべる。カメラはこの人を真正面から捉えている。だから顔はカメラに向いているが、目線は地面に座っている部下たちに向けられている。この人が言葉の最後につける「……なのである」が印象的だ。とにかく、カメラが相当に気になっているようだ。

別のシーンでは、同じく隊長とおぼしき人が隊員に向かって「急降下攻撃というのは　名前がしめすとおり　ある角度をもって攻撃するのであって　そもそも常識的に考えてみても……」と説明している。これから特攻出撃する特攻隊員に向かって、また錬成された隊員に向かって、いまさら「急降下攻撃」の説明でもあるまい。とってつけたような感じである。隊員に向かって説明しているというよりは『ニュース映画』（日本映画社）を観る人々に語りかけている。

ひとつひとつのシーンは、その時々の訓練風景を実写しているというよりも、かなりの演出を感じる。だから写される隊長たちが相当に緊張している。

〔西尾常三郎〕

第一章で紹介した富嶽隊長の西尾常三郎が写っている。背景はフィリピンの前線基地と思われる。この時、西尾常三郎の年齢は二八歳、まだ若い。しかし『ニュース映画』（日本映画社）に写る西尾常三郎は老けて見える。頬がやせている。気苦労がそうさせているのであろうか、それとも、もともと頬はやせていたのであろうか。首が長い。この人の身体的特徴である。うつむき加減で、何か「ボソボソ」といった感じで部下としゃべっている。元気な表情には見えない。第一章で描いた西尾常三郎の様々な表情と重ねた合わせた時、そこには何か深い意味があるようにも見受けられる。しかし、単にカメラを意識しているだけの照れ隠しなのかもしれない。そんな風にも感じられる。

〔子犬〕

同じく富嶽隊である。若い隊員が黒い子犬と戯れている。よちよち歩く子犬がいかにも可愛いといった仕草である。しかしこの仕草もぎこちなく演出臭い。背景には迷彩された『四式重爆 飛龍』が黒く横たわる。標準機ではない、改修「特攻機」である。同じような情景が毎日新聞社編『別冊一億人の昭和史 特別攻撃隊』（毎日新聞社 一九七九年）にも掲載されている。ここにも子犬が写っている。同著によると名前は「ペス」とされている。両方とも黒い子犬である。さらに、黒い子犬は『陸軍特攻』（高木）にも登場する。名前は「クロ」である。黒い子犬がそれぞれに登場する。

この「三匹」に共通することは、いずれも黒の子犬である。しかし名前が違う。子犬はそれぞれに違うのか、それとも同一の子犬なのかは知る由もないが、富嶽隊のマスコットであったことは確かなようだ。ところで、『陸軍特攻』（高木）が記す「クロ」は、根木幹夫（大

尉　陸士　二三歳）、進藤浩康（大尉　陸士　二六歳）、宇田富福（伍長　少飛　二二歳）の『四式重爆　飛龍』の改修「特攻機」に搭乗し、特攻隊員とともに一九四五年一月一二日に「特攻戦死」する。

〔わかれ〕

同じく富嶽隊出撃のシーンがある。一人の隊員が『四式重爆　飛龍』（改修「特攻機」）操縦席の天蓋を開け、半身を乗り出して、飛行機のアンテナに「日の丸」の小旗を結びつけている。同じような情景を『陸軍特攻』（高木）も記している。『陸軍特攻』（高木）の記す「日の丸」と『ニュース映画』（日本映画社）が写す「日の丸」とは同一の情景なのだろうか。『ニュース映画』（日本映画社）に写るこの人の手元はおぼつかなくモタモタといった感じである。「日の丸」を結びつけた後、片手を上げて別れの挨拶をしている。画面はシルエットに近い、だから顔の表情は全く分からない。画面が醸し出す雰囲気は何となく淋しく悲しげだ。誰かに挨拶をしている風ではない。ただ漠然と地上に向かってゆっくりと最後の別れを惜しんでいるといった感じである。最後の地上をいつまでもいつまでも噛みしめ懐かしんでいるように見える。淋しく悲しげなシーンである。

〔遠藤栄〕

八紘第四隊護国隊の遠藤栄《しげる》（中尉　陸士　昭和一九年一二月七日戦死　二二歳）の内地からフィリピンへの出発直前の姿が写し出されている。端正でキリッとした顔立ちである。しかし無表情である。カメラに写されていることに戸惑い気味である。真正面から撮られていて目もとが眩しそうだ。照れたような、所在なさそうな仕草はカメラにどのようなポーズをとっていいのか分からないといった様子である。この人が上官に向かって答礼をしている別のシーンがある。「誓って重任を達成いたします」、しっかりとした張りのある声である。陸士出身者はかくやと思われる凛とした姿である。前述の戸惑いの表情とは別人のように見える。フィリピン到着を申告するシーンもある。整列した遠藤栄らの八紘第四隊護国隊員に向かって現地司令官が訓示をしている。カメラは司令官の真横から上半身を写している。表情はよく分からないが優しい顔をしている。軍服を脱げばごく普通の五〇歳台といった感じの人である。くぐもっているが太い明瞭なドスの利いた声である。訓示の全文を『ニュース映画』（日本映画社）より筆者筆写のうえ引用する。

参謀総長からアッ　陛下にエッ皆さまのエッ　さきがけとして　エー立派な活動されたアッ　万朶隊の情況を　奏上　いたされた時に　エッ　陛下からアッかしこくもつぎのお言葉を　いただきました　ッン（軍服の上着ポケットから手帳を出し、頁を開いて、そして語調を改めて―引用者注）「体当り機は大変よくやって立派なア成果をおさめた身命を国家にささげてよくもやってくれた」（手帳の頁を閉じて、語調は穏やかに元に戻して―引用者注）　こういう　お言葉を　いた（以下不明―引用者注）　第一線にお伝えをし　そのご家族にお伝えをし　この機会にエッお伝えを（以下不明―引用者注）　おわり　ッン（語調強くして―引用者注）　おわりこの司令官は自分の部下に「皆さま」とか「お伝え」とかの敬語を使っている。当時の司令官が全てそうであったのか筆者（私）は寡聞にして知らない。流暢なしゃべり方ではない。ひとつひとつの言葉が詰まり気味だ。『ニュース映画』（日本映画社）を見る者が「エヘン」と喉のつかえをふるい落としたくなるような、そんな感じのしゃべり方である。カメラを意識しているようにみえる。この訓示に対して遠藤栄が明瞭に、そして力強く答礼している。

一同を代表いたしましてご挨拶申しあげます　只今は（以下不明―引用者注）なる訓示をたまわりただただ感激のほかありません　遠藤以下誓って重任を達成いたします　おわりっ

凛とした張りのある声である。最後の「重任を達成いたします」の箇所は少し声が上ずっているようにも感じる。

同じ情景を写したと思われる一齣の写真がある（押尾一彦『特別攻撃隊の記録（陸軍編）』光人社　二〇〇五年等）。それを見ると司令官と遠藤の間にマイクロホンのようなものが写っている。『ニュース映画』（日本映画社）撮影の際の録音用であろうか。とにかく、これらの一連の情景は、その瞬間での取材ではなく、それなりに演出されたものと考えられる。

遠藤栄ら七名の八紘第四隊護国隊突入の情景が伝えられている。直掩隊の目撃によるものである。『陸軍特攻』（高木）より引用する。

遠藤中尉機は中央にいて、翼を大きくふった。攻撃開始を命じたのだ。各機は機首をさげて、三十度の角度で緩降下して行った。

左翼の一番機は先頭の輸送船に命中するかと見えて、舷側におちて、白波を噴き上げた。二番機は左側の小型艦の甲板に命中、黒煙がふき上がった。三番機は後尾の船をねらったが、途中で進路がまがって、船の前方の海中に突込んだ。有川中尉（直掩隊長―引用者注）は息をのむ思いで、旋回しながら目を離さずにいた。四番機が中央の大型船を目がけて降下し、ふとい煙突に激突した。瞬間に真赤な火がひろがり、黒煙があがった。四番機は遠藤中尉のようであった。すでに各艦船の甲板からは、茶褐色の小さな人影が、こぼれおちるように海中に飛込むのが見えていた。五番機が突入して行き、後尾船の後方甲板に命中したが、火煙はおこらなかった。

海面には、早くも煙がひろがっていた。四番機のために大きな損傷をうけた中央の大型船は、船体を傾けて右に旋回していた。先頭の船は左に旋回し、後尾船は右にまわりはじめた。各船とも、空中からの体当り機をかわそうとして、旋回運動をつづけた。

護国隊の残った二機は、上空を旋回していたが、じきに緩降下して一機は後尾船に突入し、つづいて一機は中央の傾いている船に命中した。

有川中尉は二十分近く旋回しながら、戦況を見つづけた。船から立ちのぼる黒煙は、二千メートルの高さに達していた。艦船団の周囲の海面は、油が流れてひろがり、色が変っていた。

この記述から、護国隊七機（七名）のうち五機が命中したことが分かる。この日一九四四年（昭和一九）一二月七日、陸軍は二三機（二六名）、海軍は二一機（三三名）の出撃戦死である。『特攻被害データベース』（筆者）によると、この日は命中が七機、至近命中が二機となっている。その結果、連合国艦船の八隻が損傷を受け、うち三隻が沈没している。大きな戦果だ。その大半は護国隊によるものと推測できる。『陸軍特攻』（高木）の記す状況と、今日に伝わる連合国艦船の被害状況には矛盾がない。

遠藤栄が体当りした艦名を推測したい。『陸軍特攻』（高木）によると、「中央の大型船」に突入したとある。この日は中型揚陸艦三隻、戦車揚陸艦一隻、輸送艦二隻、駆逐艦二隻が体当り命中を受けている。このうちの「大型船」は輸送艦もしくは戦車揚陸艦であろう。その艦は「ふとい煙突」であったことから、体当りを受けたのは輸送艦『リドル』か同『ワード』と推測される。『陸軍特攻』（高木）によるとこの「大型船」は遠藤栄の体当りともう一機の体当りを受けている。すなわち二機の体当りがあったことになるが、両輸送艦ともそれぞれ一機の体当りである。この日、複数機の体当りを受けたのは駆逐艦『マハン』であるが、駆逐艦は「大型船」ではない。このことから、遠藤栄が突入した「大型船」を推測するのは不可能であった。

〔行ってきます〕

部隊は若桜隊と推測するが、『九九双軽』の機上で、操縦席を挟んで特攻隊員と整備員（らしき人）がしっかりと握手をしながら顔を寄せ合い何ごとかを語っている。特攻隊員は若い、二〇歳前後であろう。下士官のように見える。操縦席に立っている。整備員（らしき人）は年嵩に見える。服装もきちんとしている。階級は特攻隊員より上級であろう。左翼付け根の上に立っている。カメラは地上から飛行機を正面にして二人を見上げている。最後の別れを惜しんでいるかのようだ。二人ともじっと動かない。厳粛な別れの瞬間である。誰もが入ることのできない世界である。カメラはこの二人の様子を地上からじっくりと狙っている。二人はカメラの回っていることに全く気がついていない。何かの気配を感じたのであろうか、整備員（らしき人）がチラッとカメラに気がついた。つぎの瞬間に不動の二人に慌《あわただ》しい動揺が起こった。カメラは二人を現実の世界に戻してしまった。特攻隊員は弾けるように、照れたようにニッコリとカメラに笑顔を向ける。整備員（らしき人）は特攻隊員に「それじゃ」といった仕草を見せ、カメラには眼もくれず逃げるようにそそくさと翼から下りて画面から姿を消す。カメラが二人の世界に割って入り邪魔をした。ひとり残された特攻隊員は操縦席に身を沈める。そして、こんな場合、そのようにしなければならないといった感じで、半身を乗り出しカメラに向かって真っ直ぐ手を振り、はにかんだように、照れたようにニッコリと笑顔を向ける。「それじゃ、行ってきます」といった感じである。『ニュース映画』（日本映画社）の中でも特に印象的なシーンである。

〔これはどうも〕

特攻隊員たちが出撃前の訓示を受けている。訓示も終わり緊張感が解かれた。いつもと変わらない出撃風景といった感じである。このうちの一人の特攻隊員が自分の乗機に向かおうとしたその瞬間に、上官らしき人物が後ろから肩をたたく。思わず後ろを振り向いたその表情は「やあ」とか「これはどうも」とかいった感じのごく自然な軽い表情に見える。これから特攻出撃といった感じではなく、日常的な情景が写し出されている。その後、彼等は自分の乗機に向かう、その姿をカメラはしっかりと捉えている。無表情である。しかし、その奥には相当な緊張があるようにも感じられる。

〔ズボンの綻び〕

ある部隊の出撃シーンである。カメラはその特攻隊員を捉えていたわけではないが、カメラの前を横切るその人の飛行服は油で相当に汚れている。ズボンの膝が綻《ほころ》びている。そして縁が黒くなっている。特攻出撃の際には新しい飛行服が支給される場合もあったという。この人には支給されなかったのであろうか。また、たとえ支給されても部下や他の隊員に与え、自分は普段の飛行服で出撃していった人もいたという。ともあれ、『ニュース映画』（日本映画社）の画面を偶然に横切る黒く汚れたズボンの綻びが切ない。

〔食事〕

隊員が車座になって食事をしているシーンがある。音もなく静かなシーンだ。黙々と食事をしている。美味《おい》しそうではない。おそらくカメラを意識しているのであろう。その車座の真ん中に大きな食缶がドカンと置かれた。多分汁類であろう。一人の隊員は、これもそのようにしなければならないといった風に中身を覗き込む仕草をする。そして、また元の姿勢となる。おそらく今日か明日かの出撃であろう。しかし、そんな張りつめたものは全く感じられない。静かな静かな食事風景である。

〔敬礼〕

部隊名は明らかではないが、内地からフィリピンに前進する出発風景と推測する。隊員が二列に並んでいる。前列右端の隊長が、ゆっくりと足元を確かめながら前に出て上官に出発の申告をする。二〇歳を少し過ぎた年齢であろうか。丸顔で整いのある端正なキリッとした表情だ。落ち着いている。「ただ今より、出発します」。申告が終わると敬礼をして自分の元の位置にゆっくりと戻る。その時、自分の位置が前列と横一線になっているのを確かめるかのように左横の隊員の胸元に目をやる。そして、横一線を納得したかのように顔を真っ直ぐ前に向ける。そして身をあらため、「かしらーなかっ！」と号令をかける。敬礼の右肘が、まるでそこにバネでも入っているかのように勢いよく弾ける。力の入った動作である（七九頁写真参照）。小さなシーンである。数日後、この人たちには確実な「死」が待っている。

〔冨永恭次〕

そんな中で気になるシーンがある。第四航空軍司令官冨永恭次（中将）である。この人はフィリピンにおける陸軍航空特攻の最高責任者である。『陸軍特攻』（高木）でも度々登場する。同書によると精神に少しばかりの異常を来していたようだ。周りからは相当に疎んじられていたらしい。フィリピンにおける陸軍航空特攻の蹉跌の一端はこの人にもあるようだ。一九四五年（昭和二〇）一月に陸軍が第四航空軍のフィリピン・マニラからの撤退を決定するや否や、部下や器材を置いて台湾に移動したと今日に伝えられている。これを「敵前逃亡」とする意見が多い。当時でさえ陸軍中枢はこの行動に不快感をもったらしい。だから予備役に降格し自宅謹慎となった。その後「満州」に着任、敗戦後はソ連の捕虜となって一〇年間の抑留生活を送っている。

少し前置きが長くなった。この人はフィリピンの各基地で特攻の出撃を見送っている。日本刀を抜き払い、天高く突き刺すように振り挙げながら「行け、行け」と叫んだのは有名である。『陸軍特攻』（高木）は不快感を露わにしてこれを記している。『ニュース映画』（日本映画社）にそれと思われるシーンがある。まさに「行け、行け」とそのままの表情だ。ところで、筆者が気になるのはそのことではない。この人は滑走路の脇に立って特攻機を見送っているが、その際、身体を乗り出すように滑走路の遠く向こうの飛行機の様子を窺っている。特攻出撃の一部も見逃すまいとする冨永恭次の必死の姿がそこにはある。だからそれでよい。しかし、少し奇妙だ。そこは飛行場だ。冨永恭次の前には視界を遮るものは何一つとしてない。わざわざ大仰に身を乗り出さなければならない理由はない。そのままで十分に遠くを見渡せる。周りの士官らしき人物は誰ひとりとして身を乗り出してはいない。冨永恭次は右手に日本刀を持ち、切っ先を真っ直ぐに天に向け、その日本刀を腰だめにした姿勢で身を乗り出して遠くを見ている。

カメラは冨永恭次を狙っているわけではない。たまたま写り込んでいるという感じだ。しかし、カメラ取材があること、そして、カメラが回っていることは、当の冨永恭次は先刻承知のはずである。筆者には、この冨永恭次の仕草は「とって付けたような」わざとらしいポーズに映る。『ニュース映画』(日本映画社)の小さな一瞬のシーンである。すこし意地の悪い見方かもしれないが、筆者には看過できない気になるシーンである。

冨永恭次の「ポーズ」はともかく、『ニュース映画』(日本映画社)の大半は、特攻隊員たちの照れたような、はにかんだような姿を、また晴れやかな、屈託のない笑顔を今日に伝えている。そのことが今の唯一の大切な仕事であるかのように、飛行時計の竜頭《りゅうず》を無心に巻いている特攻隊員もいる。「特攻」という大役を控えていることなど、微塵も感じさせない。撮影されていることに戸惑いながら照れている。ひとつひとつの表情がいじらしい。

ところで、『ニュース映画』(日本映画社)にはいくつかの疑問の箇所がある。ニュースフィルムは、その時のその場の特攻現場の撮影であるはずだ。誰もがそこに写し出されている情景は実際の情景だと思う。しかし、そうではなさそうだ。すでに撮り貯めておいたものを挟み込み、それらしく「編集」しているのではないかと疑われる箇所が散見される。このことは前述の出丸一男(第二章)で述べた。出丸一男の兵装は『一式戦 隼』であるが、写し出されている飛行機は『九九襲撃』であった。さらに、偵察員が乗っていること、また爆弾らしいものが懸架されていないことなどから、これは出丸一男の特攻出撃ではないことを推測した。真実を伝えなければならないニュースフィルムに「編集」の痕があるようである。別のシーンにも幾つか疑問がある。

例えば富嶽隊の出撃シーンであるが、この隊の兵装は『四式重爆 飛龍』であることは何度も述べた。特攻隊員がアンテナに日の丸の小旗を結びつけたこともすでに述べた。このシーンの飛行機は確かに『四式重爆 飛龍』のようである。しかし、飛行機が滑走路から離陸する別のシーンには『九九双軽』が映し出されている。あきらかに兵装が違う。しかし、ナレーションはあたかもそれが富嶽隊（『四式重爆 飛龍』）の出撃であるかのように告げている。兵装からもこのシーンの出撃は富嶽隊のものではない。別の出撃風景をいかにもそれらしく挟み込んでいる。

もう一つ、映画のいくつかの場面に『三式戦闘機 飛燕』の特攻出撃が写し出されているが、フィリピンにおける陸軍航空特攻では『三式戦 飛燕』は一機も運用されていない。この飛行機が特攻運用されるのは一九四五年（昭和二〇）三月以降からである。さらに、写し出される『三式戦 飛燕』の全てに爆弾が懸架されていない。だから、特攻出撃ではない。直掩機（特攻隊掩護）の戦闘機隊とも考えられるが、もしそうなら、直掩隊の出撃としてのナレーションであるべきである。要するに、フィリピンでの陸軍航空特攻に『三式戦 飛燕』が特攻機として登場する機会はないが『ニュース映画』（日本映画社）では『三式戦 飛燕』が「特攻出撃」として度々画面に現れる。『三式戦 飛燕』は日本軍機としては珍しい液令式エンジンの搭載である。外見は精悍でスマートだ。ニュース映画でも確かに「絵」になっている。
これだけではない、まだある。さらに筆者が気付いていないものもあるかもしれない。この『ニュース映画』（日本映画社）は誰もが事実の特攻出撃の情景を写し出していると思う。

『三式戦闘機 飛燕』

しかし、『ニュース映画』（日本映画社）には、すでに撮り貯めておいたフィルムを「編集」したとしか思えない箇所がある。それが故意であるのか錯誤によるのかはともかく、フィルムは当時の様子を知る一次資料である。しかも陸軍報道部が監修をしている。『ニュース映画』（日本映画社）の資料的価値にも一定の距離をおいて判断する必要があるように感じている。

一方、このニュース映画には別の印象もある。画面には東久邇宮稔彦王（大将）とか先述の第四航空軍司令官冨永恭次（中将）とか、その他陸軍の高官らしき人たちが結構多く登場する。そこで、この人たちへの撮影者の視線（カメラワーク）であるが、これが興味深い。筆者の印象では、これら高官はたまたま写り込んだという感じである。いわば脇役である。カメラはこれら高官に余計な気遣いを一切していない。『ニュース映画』（日本映画社）の主人公は特攻隊員たちであり、そこにしっかりとしたカメラワーク（視線）がある。フィルムに「編集」の痕があると言ったが、写し込まれている特攻隊員ひとりひとりの表情に「編集」があるはずがない。キリッとした様々な個性が写し込まれている。報道カメラマンと編集者のしっかりとした取材姿勢が窺われる。ここに『ニュース映画』(日本映画社)の価値と真髄があるように思う。

第四章——『文藝春秋』の皇魂隊

筆者（私）の手許に一九四五年（昭和二〇）二月号の雑誌『文藝春秋』に掲載された「八紘隊は逝く」と題した復刻記事がある（文藝春秋編『「文藝春秋」に見る昭和史 第一巻』文藝春秋 一九八八年 以下『文藝春秋』）。この記事を書いたのは中野実（小説家 戯曲作家 一九〇一年生 一九七三年没）である。陸軍の従軍記者として働いていたのであろう。故に、この記事は陸軍のプロパガンダと見てよい。しかし、この記事には、国威宣揚の勇ましさとか、雄々しさとかいったものが殆ど感じられない。むしろ、人間的な限りない優しさで書かれているように感じる。

ここで言う「八紘隊」とは陸軍航空特攻の八紘第十一隊皇魂隊である（本扉写真参照）。この特攻隊は一九四四年（昭和一九）一一月二九日に鉾田基地からフィリピンに進出し、翌年の一九四五年（昭和二〇）一月に五名（全隊員は一二名）が特攻戦死している。中野実はフィリピンへの出発二日前（一一月二七日）に基地を訪れて特攻隊員にインタビューをしている。この部隊の総員は一二名、兵装は『二式複座戦闘機 屠龍《とりゅう》』(以下『二式複戦 屠龍』)、双発複座の戦闘機である。夜間戦闘や地上襲撃用として設計されている。二人乗りではあるが、後部座席に搭乗する偵察員は特攻からは外されている。

『文藝春秋』の編集者は、この記事の復刻理由をつぎのように記す。

昭和二十年に入ると、戦力を枯渇した日本軍は、特攻につぐ特攻、肉弾をもって太刀打ちするほかはなかった。特攻の日常化である。特攻は志願によった、とされているが、任命できないような作戦を行わないのが、指揮するものの本道でなければならなかった。従軍文学者として特攻基地を訪れた筆者(中野実—引用者注)が描いたこのルポルタージュは、戦時下のものとしては稀有なほどに、死処へ飛び立つ若ものの美しく、あわれな心理に深くわけいっている。

中野実の記事は戦時下のプロパガンダにしては落ち着いた内容であると感じる。ところで、小説家の記事にしては決して上手とは思われない。筆者の感想を率直に言えばむしろ下手である。しかし、「下手」にこそ中野実の特攻隊員への率直な印象が綴り得たように感じる。とってつけたような修飾が一切ない。中野実の記事は、そんなことは余計のことであるかのような印象を読者に与えている。

中野実はこの部隊がフィリピンに進出する直前を基地内で取材している。だから出撃前のこの人たちの表情が描かれている。インタビューに先立ち、中野実は気持ちをほぐす意味があったのであろうか、手持ちの煙草『光』を隊長の三浦恭一（中尉 陸士 昭和二〇年一月八日戦死 二二歳）に差し出す。この時の情景を、

「やあ、光ですか。珍しいですな。」

春日軍曹は頬をほころばせる。三浦隊長は恐縮そうに、「いただきます。おい、みんな、光をいただいたぞ。」

たった一個の「光」がこんなにも隊員たちを喜ばせるのであろうか。しげしげと「光」に見入るのは渡辺伍長。みんな、うまそうに火をつけて吸い出した。

「まだ若い者が多いのですが、タバコだけは……。」

と三浦隊長（本扉写真中央）がはにかみながら、喫煙を黙認していることを説明する。誰が咎めようか。明日はレイテ湾に花と散る人々のかそけき無心わがままではないか。

と、まず特攻隊員たちの控えめなわがままを描く。三浦恭一隊長はインタビューに答えてつぎのように言う。

（前後は略）郷里の愛媛県の宇和島にかえりましたが、途中汽車が長くかかって十五日の昼前に家へ着きましたが、その翌朝、すぐ出発しなければなりませんでした。自分の

家は農家です。いよいよ特別攻撃隊に出ることは知っていましたが、両親には何もうちあけませんでした。しかし、やっぱり肉親です。ぴんと来るらしいんです。

これを受けて門口煇夫（少尉 陸士 昭和一九年一二月二五日 特攻外戦死）は、

親父はしっかりしていますが、おふくろはどうも苦手です。おろおろしてしまって……。

これに対して桑原金彦（少尉 出身不明 戦後生還か）は、

しかし、もうすこし母親にしっかりしていてもらいたいですよ。

さらにこれに対して門口煇夫少尉（前掲）が、

しかし、おふくろが泣いてくれるのでいいんだな。いいからおまえ死んで来いと云われたらがっかりするよ。

と受けて、

　この門口少尉の言葉で、隊員たちはどっと笑いだした。

と特攻隊員たちの屈託のない明るさを描く。

渡辺力（伍長　航養　昭和一九年一二月二五日　特攻外戦死）は、

　自分も休暇が出た時に攻撃隊に参加するのだということはだいたいわかっていましたが、家へ帰ってもとうてい両親にはうちあけられませんでした。おふくろが、それと知ってか知らずか、空輪の方に廻してもらえばいい。その方が安全だからというんです。体当りをしてもいいから、生きてかえって来いというんです。

　わかる、わかる、親の気持。しかしこの渡辺伍長の言葉で、また隊員たちは笑うのである。渡辺伍長のテキパキした調子がまだ私の耳底に残る。


と、ここでも屈託のない特攻隊員の明るさと素直さを描いている。

フィリピンへの前進の前に、この人たちに休暇が出たらしい。その時の印象を語る。

利光勝義（伍長　少飛　昭和二〇年七月三日　特攻外戦死）をつぎのように記している。

休暇が突然出ました。攻撃隊に出ることは知りませんでした。帰ることを電報で知らせてやりましたが駄目で、家へかえっても誰もいないんです。みんな稲刈りに出ておったんです。裏口から田圃に出ると、昼頃になって父が帰って来て、じろじろ私を見るんです。まさかと思っていたらしいんです。ただ今かえりましたと云ったら、やっと気がついて……。それから、母もかえって来ましたし、親類などもやって来ました。はあ、妹が二人あります。

吉村正夫（伍長　少飛　昭和二〇年六月八日　特攻外戦死）をつぎのように記している。

家へ帰って、万朶隊の話をしました。自分も特攻隊で出るかも知れんと云いましたら、親父は、ただそうかと云っただけです。母も兄弟が多いから、誰かが手柄をたてるだろうと云いましたから、自分が一番早く第一線に立つと云って来ました。（略）

入江千之助（伍長　少飛　昭和二〇年一月一〇日戦死　一九歳）をつぎのように記す。

自分は九州へかえりましたが、父は朝鮮にいるのです。電報をうったのですが、とうとう会えませんでした。未練と云ったらそれだけです。

小平昭（兵長　消息不明）を次のように記している。

郷里へかえったら、途でパッタリ先生に会いました。小さい時から、先生は、私に無駄死するなと教えてくれました。先生にうちあけようと思いましたが、とうとうそのままお別れしてしまいました。しかし、私は、先生にお会いできて、こんなうれしいことはありませんでした。（略）

寺田増生（伍長　少飛　昭和二〇年一月八日戦死　一八歳）をつぎのように記している。

自分は何もいうことはありません。ただ今度休暇をもらって、国へかえる途中で、汽車でも電車の中でも、自分が航空隊の者であることを知って、みんな親切に、席を譲ってくれたりしてくれました。それで、国民の期待を強く感じました。（略）

中野実は寺田増生に強い印象をもったようだ。その印象を次のように綴る。

寺田兵長（今日の記録では伍長―引用者注）も十九歳。小柄であるが、怜悧な眸。子供々々した口もと。国民の期待と責任の重大―こんな言葉が、しかも、私たちが不用意に使えば概念的に耳を掠め去るこんな言葉が、私の胸に強く響いたのは、皇国の神兵たる十九歳の熱血と燃えるような肉体とがよく裏うちしているからである。そしてこれは、もはや言葉ではない。肉体で書かれているのである。肉体と精神そのものなのである。

渡辺力（伍長　前掲）をつぎのように記す。

渡辺伍長はいう。はげしい力をこめて次のごとくいう。率直にいいます、死ぬのはいけないのだ。私は、内心寂しいと思っています。あまりにも率直に過ぎる言葉である。特攻忌避とも受け取れる。しかし中野実は渡辺をじっと見つめながら次のように綴る。

私は無言の中に、渡辺伍長を凝視しつづけた。私は後記するであろうが、この渡辺伍長こそ真先に敵艦に突入するであろうことを疑わない。それほど不敵な渡辺伍長の面魂が私の眼底から離れないのである。

中野は渡辺伍長を「後記する」と言っているが、記事には、この「後記」が見当たらない。ところで、渡辺は「真先に敵艦に突入するであろう」と中野実は感嘆しているが、飛行機空輸中に行方不明となっている。

春日元喜（軍曹　航養　昭和二〇年一月六日戦死　二三歳）をつぎのように記す。

なんにも知らずに家へ帰りました。すると、その日に万朶隊の発表です。その時、はじめて、俺も行くなと感じました。それで、ほんとのことを云ったら、またおふくろに泣かれると思って、冗談めかして、俺も体当りをするかも知れんと云っておったんですが、最後の日になったら、ほんとのことをほのめかしてかえるつもりでおったんです。ところが、どうしても云えなくてね。ほかの家から電報をうって帰隊しました。その前に、家を出る時に、どうかして覚悟をさせようとおもって、十二月になったらラジオのスイッチを入れていてくれと云って出て来たら、途中で、おふくろが感づいたらしいんですよ。急いで家を出て、駅へ行く途中で、おふくろがうしろから追いかけて来て、私の名を呼ぶんですよ。つかまったらかなわんと思って、とっととこっちは駈け出して来たんですが、こんなことなら、よくわけを云って落ちつかせて来た方がよかったですよ。

春日軍曹はそう云って明るく笑うのである。私は鼻がしらがじいーんとなって、目をそむけてしまった。

何事もないように平然と家を出て行く息子、だからこそ、全てを察して息子の後を追う母親、息子を力づくで止めたかったであろう。息子に付かず離れず、その後ろ姿を追いかける母の両足はもつれるようにオロオロしていたであろう。そんな情景が眼に浮かぶ。母の心配を振り切って帰隊したことを明るく語る春日元喜に中野実は「目をそむけた」としている。目をそむけたくなるのは中野実だけではないであろう。その場に居合わせた者なら、否、六六年を経た今日でさえ誰もがこの言葉に沈黙せざるをえないであろう。春日元喜は皇魂隊の中にあってイの一番に突入している。

野沢（曹長　名不詳　消息不明　特攻からは生還か）をつぎのように記す。

　自分は休暇が出た時に、特攻隊に入ったということはわかりました。それで、家へかえっていうつもりでありましたが、母親は胃腸病で長い間寝ていますし、自分もすこし健康を傷めているので、かえって母親が自分のことを心配するもんですから、とうとう、うちあける機会がなくて帰隊しました。しかし、私は、最後に、親父に礼を云いました。（略）

倉知政勝（曹長　召集　昭和二〇年一月八日戦死　二五歳）が、

（略）おふくろがお前も体当りするのかというので、また帰るからと云って来ました。もう云い残すことも何もありませんでした。（略）

と答えるのを受けて、中野実は倉知の印象をつぎのように記す。

朴訥そうな倉知軍曹《ママ》（今日の記録では曹長―引用者注）。日焼けした大きな顔。神様を欺くことができないように、この人も生きているうちから欺けないような人のよさが身にしみる。

以上が一二名全員のインタビューである。三浦恭一隊長はつぎの言葉で部隊全員の決意を語る。

一同初陣であります。任務に邁進するのみであります。そして、この任務は一度で、また最後のものであります。まだ若い私でありますが、みんなも私について来てくれるものと確信しております。御承知のように、今度の私たちの任務はハッキリしています。ほんとに雪のような、世の俗塵を去って（と云いながら、三浦中尉は、黒板に、俗塵という文字を書き示す。）自分たちの口からいうのも変ですが、そういう気持でおります。しかし、日本の軍人として、こうして死ぬのも、また第一線の部隊が地上で戦うのも、また海上で軍艦と運命をともにするのも、臣民として、同じであると考えます。ただ、私たちは、自分たちの戒めとして、華々しさを求めて、それに汲々として行動すること

のないように、どこの野辺に散ったかわからないように、ただ、私たちに課せられた任務を遂行するのみであります。（略）

「どこの野辺に散ったかわからないように、ただ、私たちに課せられた任務を遂行するのみであります」。この言葉には二つの意味が込められていると感じる。ひとつは、当時の陸軍空中勤務者はエリートであった。相当に難しい選考と厳しい競争があった。国民からも他の兵士とは違った目線と期待があった。そんなエリートとしての強烈な自尊がこの言葉に込められているように感じられる。もう一つはもっと素直に文字通りこの人たちの覚悟がこの言葉に沁み込んでいるようにも感じる。多くの遺書を読むと、この人たちは自らを「武士《もののふ》」と称している。三浦恭一も武士《もののふ》の一人である。この言葉には武士としての矜持が凝縮されているように思われる。

この部隊は、インタビューの翌日（一九四四年一一月二八日）に鉾田からフィリピンに向けて出発予定であったが一日延びることになる。中野実にとっては取材に余裕ができた。その日は一旦基地を退出する。

翌二八日に中野は軍専用のバスで基地に入る。整備中の『二式複戦 屠龍』を見上げていると「乗ってみませんか」と桑原（少尉）が声をかける。

「乗ってみませんか」

促されて、私は、桑原少尉に介添されながら、風防をあけて操縦席に腰を下した。種々のスイッチを捻って操作の説明をきく。ねっとりとした操縦桿の油が私の掌に染みとおる。座席いっぱいに、あます余地もなくぎっしりと組みたてられた操縦席の器機を眺めながら、二年か三年か、これを支配するまでに育てられ、技術を磨きあげた隊員たちのことを思うと、ほんとに犬死させたくないと思う。もったいないと思う。特攻隊の編成に当られる方々も、きっと私同様の感を抱いていられるに違いない。

「こいつで突っ込むんですが」

と桑原少尉は、快活に笑いながら、

「わたしたちの棺桶も同じですよ」

（略）

棺桶。棺桶。桑原少尉は機上から降りたつと、気をつけの姿勢で、その棺桶に向って挙手の敬礼をした。（略）

『二式複座戦闘機 屠龍』

『二式複戦 屠龍』（キ-45）川崎航空機製、昭和一六年採用の双発複座戦闘機である。無難で平凡な性能であったようだ。しかし、外観は重厚な感じを与える。設計もしっかりしていたようだ。地上襲撃や偵察、また重武装を施して米戦略爆撃機『B29』の邀撃など多目的に運用されている。桑原は愛機である『二式複戦 屠龍』に敬礼をしている。この「敬礼」に特攻隊員の律儀を感じる。この後、中野実は八紘第十一隊皇魂隊の訓練や座学の様子を見学する。そして、この日は基地内で一泊する。この日の感慨を次のように記す。

素晴らしい月夜であった。出発前夜。寝台に横たわると、私は、いつにない疲労をおぼえた。心身の緊張のせいもあったろう。だが、しかし、私は、まだまだ修行が足りなかったことを、この人たちによって訓えられたことをその疲労感の中から、あたたかく感謝しつつ眠りについたのである。

翌日は六時二〇分起床。朝食は味噌汁、海苔の佃煮、鶏卵、漬物、麦飯である。そしていよいよ集合である。

「三浦さん、ありがとうございました」
「私の方こそ、行き届きませんで」
これだけが、私たちの最後の別れの言葉であった。

そして、出発の申告をする。

定刻十時。

「気をつけ」

三浦隊長の号令が澄みとおる。さんさんと太陽の光はふりそそぐ。

（略）

三浦隊長は敬礼の後、隊員の中央に出た。

「申告いたします。八紘隊、三浦中尉以下、ただ今より征途にのぼります。ここに謹んで申告いたします」

この人がと思われるほど、凛々たる声。

この三浦恭一（中尉）の申告を受けるのは菅原道大（後述）である。この人の訓示を中野実はつぎのように記す。煩わしくはあるが引用しておく。

「諸子は選ばれて八紘隊の一員となり」

と総監（菅原道大―引用者注）は、すこしさびのある声で、烈々たる訓示を与える。

「決戦場裡に赴くことになった。当方面における戦況は、まことに、鍔ぜり合いであって、その際における一機一弾の価値はきわめて大である。今やまさに棒が倒れて、地につこうとしているのである。諸子の同僚は、すでにその一機一弾となり、国民の感謝するところである。諸子もまた必ずや国民の期待に添うことを心から信じまた厚く信じて疑わない。我々もまた、国民も必ず諸子のあとに続く。どうぞ平素の訓練を発揮し、充分の働きをしてもらいたい。が、決して、若気のいたりで暴虎《ぼうこ》馮河《ひょうが》の勢はくれぐれも慎むように。諸子の任務はまさに重大である。器材の準備に心して、途中において遺憾のないように、必達の研究訓練をもって、千載一遇のこの好機をとらえ、乾坤一擲《けんこんいってき》、十二分の働きを願う次第である。終り。御機嫌よう。（ルビ──引用者）

死出の旅路に「御機嫌よう」は少し不釣合いな気もする。しかし、死出の旅路であればこそ、「御機嫌よう」の一言に深い意味合いを感じる。中野実も多分そう感じたのであろう、この最後の「御機嫌よう」がぐっと私の胸に来た。

菅原道大（中将）、一八八八年生　一九八三年没。仙台陸軍幼年学校から陸軍士官学校、さらに陸軍大学校を卒業。この経歴からも陸軍の超エリートの道を歩んでいる。この頃は教導航空軍司令官であった。その後、第六航空軍司令官（中将）として陸軍航空特攻の沖縄戦（昭和二〇年三月から六月）を指揮することになる。戦後を生還し九五歳までの寿命を全うする。

ところで、一部作家やジャーナリズムによる菅原道大の戦後の評判はよくない。「おめおめ生き永らえて」という鬱憤のようなものがその下地にあるように思われる。しかし、この人の残した日記（『菅原将軍の日記』偕行社）から読み取れるものはこれとは大分違う。この人は終戦の自決を覚悟している。その瞬間の自決の意思は堅い。

しかしながら菅原道大には自決の前になすべきことがあった。それは軍司令官として終戦処理に奔走することであった。自決の前に天皇の意を解して終戦処理に専念することを第一にしたようだ。日記では自決の日取りを何時にすべきかに迷っている。自決を逡巡しているのではない。終戦処理の遂行と自決時期とのタイミングを図っている。その苦悩は日記から確かに伝わってくる。

ところが、そんな折に航空総軍司令官（河辺正三大将）から生きて特攻を後世に伝えるよう諭されたようだ。そして、一九四五年（昭和二〇）九月二六日に自決を翻意している。その後は特攻隊員遺族への慰霊に旅している。しかし、全国行脚は終戦直後の当時にあっては至難である。そこで、戦没特攻隊員のための観音像の建立に腐心している。世田谷山観音寺がそれである（東京都世田谷区下馬4－9－4）。毎年九月に「特攻平和観音年次法要」が営まれている。戦後の菅原道大の私生活は清貧の限りであったという。戦争への責任が自らをそうさせたのであろう。

また、世間からの過酷な批判に対しても、あるいは理不尽とさえ思えるような批判にも、この人からの反論は聞こえてこない。高木俊朗『知覧』（角川文庫）のこの人への批判は容赦なく厳しい。戦後の環境は旧陸軍高級司令官には分が悪い。何をどのように言っても言い訳と映る。多くの人は聞く耳をもたなかったであろう。とにかく、戦後の菅原道大には一片の反論の余地もゆるされなかったのであろう。何を言っても無駄である。だから寡黙を決めたのではないかと筆者は推測する。このことについて、関係者の証言からも菅原道大は「一切反論しなかった」との心証を筆者は得る。

戦後価値観からの批判は簡単である。また分かりやすい。しかし、その当時の価値観に即しての冷静な判断はもっと必要であろう。その時代の判断はその時代の言葉で語るべきである。後世の言葉によるその当時への評価はかえって多くの過ちを犯す、筆者は常々そのように考えている。菅原道大は戦後も一貫して軍人としての矜持を全うしたのではないかと考える。この人は自決を選ばなかったことから自決よりも過酷な戦後をあえて選んだことになる。九五歳までの人生が切ない。

話を戻す。この時、中野実はある種の感動で菅原道大の訓示を聞いたことは確かなようだ。「八紘隊は逝く」の記事の最後はつぎのように締めくくられている。

「八紘隊万歳」

私もたまらなくなって、隊員のあとから駈け出した。列のうしろを追いかける。先頭にたつ三浦隊長は、挙手の敬礼のまま、莞爾として歩を運ぶ。

「万歳、八紘隊万歳」

旗の波にともすれば隊員の顔が視界から消えてしまう。渡辺伍長が、一番あとになってしまった。あ、もう、花束がおくられている。何の花か、赤、黄、紫、ぱっと一瞬私の視界をかすめた。と、次の瞬間、三浦中尉は、一散に、向うへ駈け出した。

進発、十時十五分。

見よ。隊長機が滑空を始めた。万歳、万歳。つづいて、二番機、三番機。離陸だ。万歳。四番機。また五番機。ああ、全機、離陸。真一文字に、大いなる空へ。やがて、飛行場の北端に、ポツリと機影が見えた。一つ、二つ、三つ。見事な編隊飛行。飛ぶ。飛ぶ。万歳。万歳。

「八紘隊万歳」

この最後の文章は万感胸に迫るといった感じの表現である。何をどのように表せばよいのか、中野実の呂律が回っていない。やや興奮気味で言葉がはねて踊っている。当時四四歳の小説家中野実は、まるで自分の息子のような二〇歳前後の特攻隊員を前にして、ただただ、成す所なく頭を垂れている。この人たちの優しさ、素朴、他者への労《いたわ》りに平伏している。小説家の文章にしては名文とは言い難い。むしろ下手である。人に読ませるための工夫を殆どしていないように感じられる。そうであるだけに、この記事は、その時点の嘘偽りのない中野実の率直な心境が吐露されているように思える。

この記事は、従軍記者として、軍の許可を得て書かれたものと考える。すなわちプロパガンダである。記事には、「神国」とか「神兵」の単語が散見され、当時の時代状況を反映している。しかし、不思議なことに中野実の記事には、それ以上の「悠久の大義」だとか「天皇陛下万歳」だとか、「醜《しこ》の御楯」とか、そういった「皇国史観」を彷彿させるステロタイプな言葉は殆ど出てこない。ここにこの記事の意味深さがある。記事がプロパガンダのみで書かれたものではないことの心証を感じる。中野実は特攻隊員の控えめで、もの静かな達観を淡々と綴っている。この記事の中に特攻隊員ひとりひとりの「死を覚悟した」出撃前の静《せい》謐《ひつ》な心境が映し出されているように思う。

八紘第十一隊皇魂隊の消息を記しておく。この部隊は総員一一名のうち五名がフィリピンで特攻戦死している。つぎのとおりである。

一九四五年一月　六　日　春日元喜（軍曹　航養　二三歳）
一九四五年一月　八　日　三浦恭一（中尉　陸士　二一歳　隊長）
一九四五年一月　八　日　倉知政勝（曹長　召集兵　二五歳）
一九四五年一月　八　日　寺田増生（伍長　少飛　一八歳）
一九四五年一月一〇日　入江千之助（伍長　少飛　一九歳）

一月六日は日本軍特攻機二一機が体当り命中し、連合国艦船一七隻が損傷している。しかし、春日元喜の戦果は不明である。むしろ空しく終わったようである。一月八日は三機が体当り命中し四隻が損傷している。三浦恭一らは確実に連合国艦船に命中したようである。森本忠夫『特攻』（文藝春秋　一九九二年）はつぎのように記している。

この日（一九四五年一月八日―引用者注）、護衛空母『キトカン・ベイ』に一機命中（戦死三十名、戦傷二十名）、同『カダシヤン・ベイ』に一機命中していた他、オーストラリア重巡『オーストラリア』が二回にわたる特攻機の体当たりを受けて損傷、同歩兵揚陸艦『ウエストラリア』がこれも損傷を被っていた。この日、戦果を挙げていたのは、『皇魂隊』の『二式双襲』（『二式複戦 屠龍』の別称―引用者注）三機に搭乗して出撃していた三浦恭一中尉、倉知政勝曹長、寺田増生伍長の特攻隊であった。

つづいて一月一〇日は二機が体当り命中し七隻が損傷している。入江千之助の戦果は不明である。

ところで、この部隊の編成は中隊の一二名（一二機）である。うち五名が戦死している。そこで残り七名の消息であるが、『陸軍特攻』（高木）はこのうち、門口煇夫少尉、渡辺力伍長の二名は一九四四年（昭和一九）一二月二五日、飛行機を空輪中にフィリピン上空で不時着しそのまま消息不明となっている。特攻出撃以前の殉職である。この二人は特攻戦死として記録されていない。小平昭兵長は『陸軍特攻』（高木）によると「山の中」で行方不明となっているが、今日の記録では特攻戦死とはなっていない、また特攻外戦死も記録されていない。吉村正夫伍長、利光勝義伍長は特攻外で戦死している。桑原金彦少尉と野沢（名不詳）曹長の特攻戦死は『特攻データベース』（筆者）に記録されていない。さらに特攻外戦死にも記録がない、ということは特攻からは生還したことになる。戦後の生還も考えられる。

このように八紘第十一隊皇魂隊の中には特攻から生還した人がいる。その人たちの心境はいかばかりであっただろうか。桑原金彦少尉（戦後生還か）は、「しかし、もうすこし母親にしっかりしていてもらいたいですよ」、「しかし、おふくろが泣いてくれるのでいいんだな。いいからおまえ死んで来いと云われたらがっかりするよ」などと洒落ともつかぬ軽妙な会話を中野実に語っている。野沢（名不詳 特攻から生還か）曹長は、「自分もすこし健康を傷めているので、かえって母親が自分のことを心配するもんですから」と中野実に打ち明けている。健康を害していることが生還と繋がっているのであろうか。

特攻からの生還はその人に意思によるものではなく、たまたまの偶然の重なりによる。紙一重の偶然により或る人は戦死し或る人は生還する。いわば運命の悪戯《いたずら》である。特攻から生還し戦後を生きた人たちの心境は複雑である。生還したことの罪の意識がこの人たちの長いその後の人生を苦しめたと考えられる。

中野実の記事には、この瞬間でのこの人たちの特攻へのゆるぎない決意がそれぞれの言葉で語られている。一つ一つの言葉は屈託がない。しかし、その決意とは裏腹に、そのうちの何人かは八紘第十一隊魂皇隊からは生還することになる。この人たちは取材直後にフィリピンに進出していることから、記事の載った『文藝春秋』（昭和一九年二月号）に接する機会は殆どなかったと思われる。もし、生還者が、後に中野実の記事に接する機会があったのであれば、その瞬間のこの人たちの心境はいかばかりであっただろうか。胸をかきむしられる思いであっただろう。身の置き所なく悶え苦しんだであろう、その心の痛みは察して余りある。八紘第十一隊魂皇隊から生還した人たち、さらには戦後を生還した人たちは、その後どのような人生が待ち受けていたのであろうか。この人たちには戦争の終わりはない。

第五章――日記から

前章までは、映画や作家などの第三者をとおした特攻隊員たちの表情を見てきた。本章は特攻隊員たちが残した日記から、すなわち本人たちの「言葉」をとおして死を目前に控えたこの人たちの素顔を見ておきたい。

出典は財団法人特攻戦没者慰霊平和祈念協会編『特攻隊員の日記』（平成二二年四月 会報「特攻」四三号 別冊其の二 以下『特攻隊員の日記』）である。そこに収められている八紘第十隊殉義隊の若杉是俊（少尉 陸士 昭和一九年一二月二一日戦死 二一歳）と八紘第八隊勤皇隊の山本卓美（中尉 陸士 昭和一九年一二月七日戦死 二〇歳）の日記から、この人たちの出撃前の表情を確かめることにしよう。

まず、若杉是俊から。日記には一九四四年（昭和一九）三月一四日から一二月一三日までの内容が収められている。全ての日付で記載されていない、飛び飛びの日記である。元々そうであったのか、編集でそうしたのかは詳《つまび》らかではない。まず日記の最初の日付である一九四四年（昭和一九）三月一四日を引用する。

【若杉是俊の日記】

昭和十九年三月十四日　火曜日　晴

一五三〇（一五時三〇分―引用者注）ヨリ外出ノ服装ニテ分科発表、遠戦ト定マル。之ニテ予ノ御奉公ノ道定マレリ。今日ヨリハ此ノ新シキ道ニ只管《ひたすら》没入、己ガ全能力ヲ発揮シ御奉皇《ママ》ニ励マン。夜、区隊長殿ノ個人指導アリ。（全文　ルビ―引用者）

航空士官学校卒業を一週間後に控えている。「分科発表」「遠戦ト定マル」などの文言から、部隊なり任地なりが決まったのであろうか。奉公を「奉皇」としている。『特攻隊員の日記』の編者はこれを誤字として「ママ」を付している。それでよい。ところで、筆者は、この人は文字通り「天皇」に「奉る」覚悟であったと考える。「奉皇」はあながち誤字ではないように思うがどうであろうか。

三月二〇日、陸士卒業式の当日を「大元帥陛下御臨幸ヲ仰ギ奉リ、晴ノ卒業式挙行セラル」としている。天皇の行幸を仰いでの卒業式である。この日、天皇に接し感激している。例えば「御竜顔微笑ヲ浮バセ給ヘル如ク拝シ、感涙に咽ブ」と。

三月二十四日　金曜日　晴

初メテ高練ニ搭乗ス。爽快限リナシ。渺々ト果シ無ク拡ガル太平洋ノ彼方ヨリ敵機ノ来襲スルアラバ、猪突体当リノ決意堅シ。空中指揮官ハ地上指揮官ニ比シ、特ニ技倆ノ優秀ナルヲ必須トサルルハヨク聞ク所、彼ノ人ナラバト信ゼラルルニ足ル実力ヲ養成セザルベカラズ。（全文）

「初メテ高練ニ搭乗ス」とある。『九九式高等練習機』に搭乗したのであろう。中間練習機教程は修了して高等練習機教程に入っている。しかし、所詮まだ練習機教程である。この人の飛行技量はまだ一人前ではない。ところで、これより約一週間後の四月二日に「九七戦未修、初飛行」とある。『九七式戦闘機』はすでに旧式化しているが一部ではまだ実用されていた。この頃から実用機教程に入ったものと推測できる。

四月二十日　木曜日　晴

佐久間　噫、佐久間。鬱勃タル元気ヲ五体ニ漲ラセ、肩ヲユスリテ大股ニ闊歩セル君ガ英姿、予ガ眼底ニ髣髴タリ。「オイ」ト呼ベバ「オー」ト答ヘル声聞コユルガ如シ。然レドモ、噫、幽明既ニ境ヲ異ニシ、既ニ君ガ謦咳ニ接スル能ハズトハ。悲シイ哉。

（以下略）

その一ヶ月後はつぎのように記す。

五月二十二日　月曜日　晴
福田信哉殉職ノ報到ル。痛恨ノ極ミ。常住死ハ側近ニ在リ。生死思フハ愚。散ル花。咲ク花、咲カヌ蕾。（全文）

佐久間某と福田信哉が殉職したようだ。訓練での事故であろうか。しかし、戦友の殉職を悲しんでいる暇はない。翌日の日記はつぎのように記している。

五月二十三日　火曜日　晴
線太キ人物タレ。予ノ如キ心ノ小ナル、線細キ小人物ハ将校トシテ不可。外形ニ非ズ。心ヲ練ルベシ。（全文）

その二日後には、

五月二十五日　木曜日　晴
楠公祭。己ヲ虚シウシテ純一無雑、唯是忠、他念ナシ。名ヲ求メズ、金ヲ求メズ、命ヲ求ムル無シ。大命ノ儘進ムヲ知リテ生死ヲ知ラズ。（全文）

この人は命を国家に預けている。生死をすでに超越している。その後の六月から七月の日記は淡々とした記述が続く。その中で「体当リアルノミ。実行アルノミ」とか「体当リ要員ニテ待機ス」とか「絶叫シツツ体当リアルノミ」とか、「体当り」の字句が多くみられる。この時期は陸海軍ともまだ組織的な特攻作戦は実施していない（陸海軍の組織的特攻作戦は一九四四年〈昭和一九〉九月以降である）。ここで言う「体当り」とは、その後の特攻隊による「体当り」作戦ではなく、その瞬間での個々の判断による局地的な咄嗟の「体当り」攻撃を言っているのであろう。とにかく「体当り」はこの人にとってすでに自明のこととなっている。

この人の日記は律儀としか言いようがない。戦局のこと、訓練のこと、その日の所感なりを、端的に短い文章で綴っている。そんな中でつぎの文章は少し面白い。

七月二十四日　月曜日　晴

八重坊冗談ニ予ヲ評シテ「しつこい」ト言フ。痛ク感ズル所アリ。男ラシカラザル所アルハ自覚シアリ。蛇ニモ似タル執念深サラシキモノアルヲ自覚ス。男ラシクアレ。西郷ドンコソ予ノ心ノ指標。恬淡、道ヲ励ムベシ。（全文）

「八重坊」とは日記の前後から、この人の下宿先の娘さんと推測する。「八重」あるいは「八重子」であろうか。その少女から「しつこい」と言われたことを思い悩んでいる。「男らしくない」としている。西郷隆盛のような人物でありたいとしている。

その後の八月、九月も淡々とした記述が続く。例えば「本日ノ単機戦闘ニテ乙学ノ教育、一応打切リトカ。張切ラザルベケンヤ」（七月三一日）。「奉読式後、師団長閣下ノ訓話、厭戦思想ニ就テ。反戦気分、上層階級ニ多キ模様。教育ト尊皇思想ノ消長、果シテ如何」（八月八日）。この記述は少し気になる。上層階級ほど「厭戦」「反戦」気分が多いと記している。若杉上級者は情報が多いだけに当時の戦局に対する不安と疑問も高かったのかもしれない。若杉是俊自身はどうであったのか。その疑問を打ち消したいが故に、あえて日記に記したのであろうか。さらに「予ハ我ガ儘カ。人ノ心モ少シハ考フル要アラン。礼ハ大切」（八月九日）。「射撃大会。修正量不足ニテ、スコ。無念。一点ニ注意集中不可」（九月七日）。「父ヨリノ便リ、実行ヲ強調セラル。心ニコタフ」（九月一一日）といった具合である。

九月一七日に「久方振リ一戦ニ搭乗。連日ノ雨ニテ速度計キカズ、物凄キ着陸、三度脚折ルカト疑フ許リ。胆ヲ冷ス」とある。「一戦」とは『一式戦闘機　隼《はやぶさ》』のことである。ここに来てこの人たちの実戦兵装である『一式戦　隼』の実用機教程に入っている。しかし、「物凄キ着陸」など錬成はまだまだ未熟なようだ。そんな事情とは関係なく、ついに若杉是俊に決定的な内命が下る。

十月二十一日　土曜日　曇

篠原中尉殿水戸ヨリ帰隊セラル。飛行師団長閣下ヨリ人秘封書アリ、曰ク、決死隊要員ヲ募ルト。夫レ日本人ナル限り、死モトヨリ問題ニ非ズ。然レドモ数次ノ本土空襲ニ全機撃墜ノ報ヲ聞カズ。何故ゾヤ。体当リ無キナリ。一機ニテモ生還センカ、敵ハ増長シテ又必ラズ来襲スベシ。戦ノ決ハ武力ニ非ズシテ魂胆ナリ。敵ヲシテ如何ナル物量ヲ以テスルモ、皇軍ハ屈セズ、従ッテ神州皇土ハ侵シ難シ。否、絶対永久ニ侵犯シ得ズト思悟セシムルコトコソ、戦勝最大ノ鍵タリ。

（略）

天皇陛下　万歳

父上様、母上様、是俊ハヤリマス。

強い使命感が窺われる。決死隊しか戦局打開の道はないとしている。ここで言う「決死隊」とは特攻を指しているのだろうか。この記載後、約一ヶ月に亘って記載がない。そして一一月二六日に特攻隊への編入を知る。

十一月二十六日

（略）皆予ノ特攻隊編入ヲ伝フ。確実ナル内命ニハ非ザレドモ、概ネ確定ノ模様。先般ノ内命消滅ニ些カ愕然タリシ所ニ今日ノ噂、歓喜ノ至リ。愈々征カン哉。今日迄孜々修練ノ功ヲ体当リニ凝集シテ大艦ヲ屠ル、又快ナラズヤ。「人生有限名無尽、楠氏誠忠伝万古。」噫、悠遠ナルカナ人生ヤ。予死スト雖《いえど》モ魂魄何ンゾ死センヤ。永遠ニ護国ノ鬼ト為リ、皇国ヲ守リ奉ラン。日本人ノ有難キハ死シテ尚生クルニアリ。純忠ノ大義ニ生クル時肉体ハ亡ブト雖モ尚死セザルナリ。（ルビ—引用者）

（略）

噫、噫、男子ノ本懐ナラズシテ何ゾヤ。

任務遂行への強い決意とゆるぎない使命感がみなぎっている。特攻命令を「歓喜ノ至リ。愈々征カン哉。今日迄孜々修練ノ功ヲ体当リニ凝集シテ大艦ヲ屠ル、又快ナラズヤ」と喜んでいる。この日の記事は、この人の性格を最もよく表しているように感じる。特に象徴的な書き方である。

十一月三十一日

昨日特操モ到着シ、我八紘第十隊ノ編成終了シ、本日出発ノ予定ナリシモ天候ノ為延期ス。夜ハ星友寮ニ遊ビ、浜田、善教、海野等ト盃ヲ交ハス。航通校ノ者トモ逢フ。予ノ壮途ヲ心ヨリ祝福シクレタリ。余程幸福ナル者ハ此ノ世ニ非ザルベシ。星友寮ノ人々ノ御恩又忘ラレザルベシ。楽シカリシ束ノ間、噫、頑張ラン哉。（全文）

日記の中の「特操」とは学徒出身（大学等の繰り上げ卒業もしくは学徒出陣）の「特別操縦見習士官」のことである。その「特操」も含めた八紘第十隊殉義隊員が編成された。

十二月一日
藤屋ニ於テ八紘第十隊宴会ヲ行フ。編成完結及其ノ前途ヲ祝シテナリ。隊長敦賀中尉殿ヲ中心ニ一致団結、任務ニ驀直向前センノミ。噫、義ハ山嶽ヨリモ重ク、死ハ鴻毛ヨリモ軽シ。夜退庁時、八重坊、清チャンニ荷物ヲ運ンデ貰ヒ乍ラツクヅク語ル。純情程清々シク神々シキ徳操ナシ。予ハ子供ト話スハ大好キナリ。清チャン「兄サンノ様ダ」ト眼ヲコスレリ。「俺ハ敵艦目ガケニッコリ笑ッテ体当リスルヨ。ダカラ八重坊モ清チャンモ笑ッテ俺ノ出発ヲ送ッテクレネ」「涙ガ出チャッタ」ト二人ハ泣キ笑ヒツツ向フヲ向イテ、シマフ。八重坊自作ノ詩

若鷲の　誉も高き　特攻隊
召出されて　兄は征くらむ

全ク予ノ如キ未熟者ヲ特攻隊ニ選ビ下サレシ有難サ、コヨナキ名誉ニ唯々感泣、奮闘ヲ誓フノミ。召出サレタ此ノ兄ハ必ズヤル。ヤル。（全文）

「八重坊」と「清チャン」との別れが辛い。若杉是俊らの八紘第十隊殉義隊は一二月三日に茨城県水戸を離陸、フィリピンに向かっている。そして、一二月一八日に最終基地のアンヘレスに到着している。一九四四年（昭和一九）一二月一三日付がこの人の最終の日記となった。

十二月十三日　水曜日　曇
一三〇〇（一三時〇〇分）双練（『二式双発高等練習機』—引用者注）ニテ台東ニ還ル。

救護船波浪荒キ為帰帆遅レ、明日到着ノ予定。

森隊長殿ノ御世話ニテ知本温泉ニ遊ブ。お母ちゃんノ情嬉シ。

昨日来、少シ感冒気味ニテ体ダルシ。病ハ気カラ。（全文）

少し説明が要る。内地からフィリピンへの空輸中の一二月九日に台湾上空で部下の四名（四機）を見失ったようだ。いずれも不時着をして三名は無事であることが分かる。あと一名は重症を負うことになる。この事故を「申訳ナキ極ミナリ」「慚愧ノ至リ」と前日（一二月一二日）の日記に記している。若杉是俊は台湾からフィリピンに移動したが、日記からは「双練」で台湾に引き返しているようだ。遭難した隊員の救援のためであろうか。部下三名を救助した船は悪天候により予定地への到着が遅れたらしい。「救護船波浪荒キ為帰帆遅レ、明日到看ノ予定」とはこの救助を記している。この人たちは、内地からフィリピンへの飛行機の空輸に相当な苦労をしている。この空輸については後に触れる。

若杉是俊の日記はこの日付（一二月一三日）で終わっている。全編のはち切れそうな使命感溢れる日記とは裏腹に、最後のページは力の抜けた内容となっている。風邪が影響していたのであろうか。それとも、出撃が間際に迫ったことによる身辺や心境の変化によるものであろうか。この八日後（一二月二一日）に若杉是俊は特攻戦死する。

『恩愛』（河内山）に若杉是俊と前述の富嶽隊長西尾常三郎のエピソードが紹介されている。時期は少し遡《さかのぼ》るが一九四二年（昭和一七）、場所は陸軍航空士官学校と推測する。この時、若杉是俊は航空士官学校五七期の生徒、西尾常三郎は教官であった。若杉是俊が直属の上官の指導に不満があり、そのことを教官室で直接訴えたらしい。それを西尾常三郎が聞いていた。以下引用させていただく。

若杉生徒の率直な意見に対し、その区隊長が回答する言葉を選んでいる間に、隣りの小野祐三郎大尉は、先任の区隊長らしく引き取り、

「軍隊というものは、情に流されては弱くなる。余計なことを言いに来るな」

とたしなめた。ここで若杉候補生が、

「しかし」

と言いはじめたので、他の区隊長の視線がいっせいに若杉に注がれた。

そのとき、反対側の机にいた西尾は席を立ち、

「くどい。生意気言うな」

と叫び、つかつかと候補生に近寄るや、鉄拳を振るい、若杉を殴って突き飛ばした。

「わかったか」

「わかりません」

西尾はすさまじい眼で、強情な若杉を睨みつけた。

その後どうなったかは『恩愛』（河内山）は記していないが、若杉是俊の強情で怯《ひる》みのない性格と西尾常三郎の直情的な心情がよく表れている。二年後に共にフィリピンで特攻戦死することになるとは思いもよらなかったであろう。こんな人たちが南溟の大空にそれぞれの思いを秘めて逝ったのである。

若杉是俊の属する八紘第十隊殉義隊の隊長は敦賀真二（中尉　陸士　一九四四年一二月二一日戦死　二二歳）である。出典資料の『特攻隊員の日記』は参考記事として、水戸（茨城県）からフィリピンへ出発する離陸間際の敦賀真二隊長の情景を伝えている。まるで映画の一シーンを観る想いである。出典の解説によると「伊原宇三郎画伯の手記より」となっている。大変に興味ある情景である。孫引きであるが敢《あ》えて引用させていただく。

（略）各機のプロペラが猛然と唸り出す。ただ一人、敦賀隊長だけは、全機が一望に見渡せる位置に出て、地についた刀に両手を重ねて立っている。その巧まぬポーズの美しさ、凛々しさ、気高さ。

隊長機は、代わりの将校がエンジンの調子を調べていたが、全機、異常無しとみると、隊長は身を翻して愛機に馳せより、たちまち機上の人となった。

このとき、私は思いがけない光景を見た。

機上の人となった隊長が、身体を少し後ろへ捻じまげて、機の直ぐそばにいる少年整備兵の一人一人に、心のこもった、慈愛に満ちた〝さようなら〟をした。細かく前後に振る挙手と頭とは、「体を大切にしろよ。忠節を忘れるなよ」と、噛んで含めるように言っている。

たまりかねた少年が、ツと機上に駈け上がると、いま、拭いたばかりの風防ガラスを、もう一度拭き始めた。手は拭いているが、顔は隊長を見ている。

私は、堪え切れずに泣いた。

『もうよい、もうよい』と隊長が合図すると、少年は下りた。と同時に、隊長の右手がサッと高く上がると全機の爆音が天地を截って音をたかめ、隊長機が、スルスルと滑りだした。つづいて二番機、三番機、右転して、遙か彼方の滑走路へ。

息つくひまもない、鮮やかさであった。（略）

まるで映画のシーンを観る思いだ。出発を見送る人は特攻隊に美しさと勇気と優しさを見出している。そんな時代であった。記事にはその時代の偏りが当然にある。誇張もあるかもしれない。しかし、そのことを差し引いても、若杉是俊や敦賀真二らの八紘第十隊殉義隊が颯爽と出発していった様子が窺える。八紘第十隊殉義隊の消息を記しておく。

一九四四年一二月二一日　敦賀真二（中尉　陸士　隊長　二一歳）

若杉是俊（少尉　陸士　二二歳）
日野二郎（少尉　陸士　二二歳）
山崎武夫（軍曹　召集　二五歳）
門倉好也（伍長　召集　二二歳）
一九四四年一二月二二日　樋野三男雄（少尉　特操　二三歳）
一九四四年一二月二九日　林　与次（伍長　召集　二三歳）
高宮芳司（伍長　召集　二三歳）
一九四五年　一月　七日　東　宏（少尉　特操　二三歳）

この人たちの戦果であるが、一二月二一日は体当り命中が一機、その結果として連合国艦船一隻が損傷している。翌二二日には体当り命中はないが連合国艦船一隻が損傷している。両日とも八紘第十隊殉義隊の戦果である可能性が残る。二九日の戦果は零となっている。一月七日の体当り命中は四機、六隻が損傷している。この日は陸海軍合わせて一四名（一三機）の出撃である。戦果は陸軍航空特攻ではなく全て海軍神風特攻によるものであるらしい。

つぎに山本卓美の日記を引用する。山本卓美の日記は前述の若杉是俊とは大分様子が違う。日記は一九四四年（昭和一九）一〇月から始まる。その書き出しはつぎのようになっている。

【山本卓美の日記】

母上へ

原町（福島県—引用者注）出発以後ノ状況ヲ御知ラセシタイト思ヒ、暫ク止メテ居タ日誌ヲ書キマス、筆不精故、怠ルコトガアルカモ知レマセンガ、死後、何モ知ル手段ガ無イカモ知レヌト思ッテ努メテ書ク積リデス遺書ト思ッテ読ンデ下サイ　卓美（全文ただし、出典には日付の記載なし—引用者注）

「遺書ト思ッテ読ンデ下サイ」としている。母に残す遺書のつもりである。それでは、それらしいことが書いてあるのかというとそうではない。内容は「遺書」になっていない。その日の出来事と感想を淡々と書いている。まさしく日記そのものである。例えば、

十月十九日

羅針盤修正ニテ一日ヲ暮ス

三浦ハ航本へ連絡ニ

夜ハ相変ラズノ諏訪部サンノ駄法螺（全文）

その翌日に特攻編成の命令があったようだ。日付は「一〇月二〇日」の日付になっているが、今日の記録によると八紘第八隊勤皇隊の特攻編成は一一月二〇日が正しい。

十《（ママ）》月二十日
三浦還ル
我ガ隊ハ八紘部隊第八隊
嗚呼若冠《（ママ）》二十一歳ノ五十六期ニシテ十二機ヲ率キ中隊長タラントス
八紘部隊ノ中隊長ハ総テ五十六期ナルヲ見ヨ、吾等八名ハ共ニ皇国ノ運命ヲ担ヘル決戦兵力ナリ
「諸子ハ航空ノ虎ノ子デアル」ト言ハレシ五十六期、今ヤ続々決戦場へ馳セ参ジツヽアリ、而シテ我モ亦其ノ一員タルノ幸福ヲ得タルナリ
地図、航空被服、雑品等受領ノ手筈
夜、部隊長閣下ニ招カレテ三浦隊ト共ニ将校六名、御宅ニ伺フ
今西正二モ吾等ト仙幼同期ナリキ、御子息ヲ戦病死ニテ失ヘル閣下ノ心中、如何バカリカ残念ナラン
嗚呼、命トアラバ、如何ナル悲惨ナル死ニ方ニモ甘ンズベキガ軍人ナルニ、此ノ上ナキ死処ヲ与ヘラレテ、只々有難シト思フノミナリ（全文）

この人の並々ならぬ決意が滲み出ている。特攻編成を命令されて「此ノ上ナキ死処ヲ与ヘラレテ、只々有難シト思フノミナリ」と記している。特攻を喜んでいる。ところで、ここで

言う「三浦」は三浦恭一のことであろう、第三章で触れた八紘第十一隊皇魂隊長である。

一一月二四日はフィリピンへの出発の日である。少し長いが全文を引用したい。日付は「一〇月」の日付となっているが、今日の記録からも一一月二四日が正しい。

十月《(ママ)》二十四日　晴
もの丶ふの
門出を祝ふ　日本晴
愈々出発ノ日
二機、冷却器（エンジンオイル冷却器のことか—引用者注）「パンク」ニテ困却セルモ
三浦中隊ヨリ貰ッテ間ニ合ハス
飛行部隊全員整列ノ前ニテ挨拶
部隊長閣下、参謀総長代理、航空総監代理ノ訓示アリテ、出発
訣別ノ辞
比島ノ決戦ハ皇国ノ運命ヲ決ス　決戦ノ凡テハ制空戦及補給戦ニ在リ　即諸士ガ一機一艦船克ク空母及輸送船ヲ撃滅スルヤ否ヤニ依テ此ノ決戦ノ勝敗即大日本ノ運命ハ決ス
茲ニ山本中尉ノ統率スル八紘飛行隊第八隊ヲ送ルニ方リ武人トシテ最高ノ武運ニ恵マレタル諸士ノ幸運ヲ祝福スル外　更メテ述ブル辞ナシ　諸士ノ父母兄弟亦我等ト思ヲ同

ジクスルコト信ジテ疑ハズ
最後ニ諸士ニ告グ　鉾田教導飛行師団最后ノ一人一機ニ至ル迄必ズ必ズ諸士ニ続キ醜敵ヲ殲滅シ皇運ヲ泰山ノ安キニ置キ奉ランコトヲ誓フ
諸士安ンジテ征ケ（以下略）

今西少将

鉾田（茨城県）からの出陣である。引用では略したが宮城や富士山を眼下にして「美シキ日本」に感激し、その日本に生まれたことに感動している。この日は大阪までの空輸である。「柏原着」「八尾」などの文言のあることから、大正飛行場（現大阪府八尾飛行場）に着陸している。この時「気筩割レ」と記している。この人たちの兵装は『二式複戦 屠龍』である。エンジンは『ハ－120』一、〇二〇馬力、その一機のエンジン・シリンダーにひびが入ったようだ。

その後、悪天候や故障の続出で新田原（宮崎県）についたのは一一月二八日となっている。茨城から宮崎まで四日もかかっている。迅速な空輸とは言いがたい、モタモタといった感じである。その翌日、

十一月二十九日　晴

新田原ノ天気ハ良好ナラザルモ、気象偵察機ノ報告ニヨリ、飛行可能ト判断シテ出発

ス、種子ケ島迄視度不良、下層雲多ク、相当苦労ス、奄美大島以后ハ快晴
沖縄北飛行場ニテ補給後、直路台北ニ向フ、夕刻台北着、着陸ハ視度不良ノ為大分苦
労セリ
一機尾輪引込ミ、一機尾輪パンクノ外、無事ニ着陸、先ヅ安心ス
西参謀殿ニ案内セラレ、北投温泉ノ「佳山」へ、酒ト、肴ト、舞踊ト、歌ト到ラザル
ナキ歓待ヲ受ケ、既ニ此ノ世ノ人ナラズ
飯島美代子サンヨリ血染ノ鉢巻ヲ贈ラル、感激ニ堪ヘズ（全文）

唐突に「飯島美代子」の女性名が記されている。二〇歳の若い男子である。だからこの女性名が少し気になる。この人の最後の日付にもこの女性の名が登場する。ところで、この日の日記は『陸軍特攻』（高木）にも掲載されている。引用したい。

十一月二十九日
宮崎県新田原発。奄美大島以後は快晴、夕刻、台北着。
参謀殿に案内され、北投温泉（台北の近郊）「佳山」にて、
至らざるなき歓待を受け、すでに、この世の人ならず。飯島美代子さんより、血染めの鉢巻贈らる。感激にたえず。

そのままに読めば全文引用と受けとめられるが、『特攻隊員の日記』と比較するとかなり割愛され省略されているようだ。文意は同じだからそれでよいと言えばそれまでかもしれない。ところで、『陸軍特攻』（高木）は日記を引用した理由を「特攻隊長となって戦場に行く青年将校の勇躍、高揚した感慨がうかがわれる」としている。しかし、高木の引用からはその「感慨」は伝わってこない。省略され割愛されているので「力」が削がれている。また「ひらがな」書きと「カタカナ」書きにもニュアンスの違いがある。

このことはともかく、一二月四日に中継基地であるフィリピン・アンヘレスに到着している。そして、山本卓美の最後のページは、

十二月六日　曇

（略）

愈々最后ノ夜ナリ

出撃前夜、何ノ感動モナシ

思ヒ出ヅルハ母上ノ顔ノ皺

台北ノ美代子サンノ顔

只々征カン哉、任ノマニマニ

浜マデハ海女モ蓑着ル時雨カナ

機首ニ装シタル一〇〇瓩弾（一〇〇キロ爆弾—引用者注）、参謀長殿ノ命ニテ遂ニ信管

ヲハズスノ止ムナキニ到ル、残念
二百五十瓩（二五〇キロ爆弾―引用者注）ノ信管、弾底ナキ為大分モメタルモ、遂ニ片方弾底信管ヲツケ行クコトトナル
効果少クトモ、爆発ノ確実ヲネラフ、吾等ハ空挺、斬込隊ト異リ此ノ目ニテ戦果ヲ確認シ得ザルヲ以テ、完全、安心シ得ル丈ノ衝突（体当りをこう呼んでいた―引用者注）準備ヲ整ヘ置カザルベカラズ
夜、遺品整理
明朝七時離陸
イザ　レイテ湾へ
敵輸送船へ

最後の夜に母を偲んでいる。そして「美代子さん」を思い浮かべている。二〇歳の若い命である。異性への思いもあったであろう。「美代子さん」に格別の思いがあったのであろうか。日記の最後にひとりの女性の名が記されているのが切なくやるせない。「浜マデハ海女モ蓑《みの》着ル時雨カナ」。山本は日記の中でこの句を二回引用している。よほど気に入ったのであろうか。特攻直前まで体を大切にして平常心でいたいとする山本卓美の気持が表れている。この句は山本卓美の強い使命感を表している。ところで、出撃前夜に爆装のことで意見の違いがあり、もめたようだ。「敵輸送船へ」としていることから、山本卓美らの攻撃目標は徴

用輸送船であったようだ。

それにしても、日記の最後にしてはあっさりとした、無愛想というか、どこまでも淡々とした書き方である。日記のとおり翌日に山本卓美は特攻戦死する。

第三章で記した『ニュース映画』（日本映画社）にこの人の寄せ書きが写し出されている。筆者筆写のうえ引用する。

みたみわれ
もの丶ふたりし
甲斐ぞあれ
今　南溟よ
雲と散りえて
八紘隊第八隊長
陸軍中尉　山本卓美

ところで、山本卓美らの八紘第八隊勤皇隊の兵装は『二式複戦 屠龍』であることはすでに述べた。双発複座の戦闘機だ。エンジンが二基、前部席が操縦員、後部席には偵察員が搭乗する。しかし、陸軍航空特攻の特徴として、その機が複座機であっても後部座席の偵察員は搭乗することはない。特攻隊員は前部席の操縦員だけである。偵察員は特攻から外されていた。せめてもの救いがあった。富嶽隊には偵察員や整備掛を搭乗させたケースもあるが、それ以降に編成された特攻隊はそうではない。

しかし、八紘第八隊勤皇隊の一二機の中に一機だけ例外がある。隊長機の山本卓美の後部座席には偵察員が搭乗し戦死している。その人の名を林長守（伍長　少飛　二〇歳）という。偵察員の任務は航法、哨戒、通信など結構忙しい。操縦員とは違った能力と神経が要求される。隊長機の偵察員であることから、編隊全機の航法や通信という特別の任務があったのかもしれない。陸軍航空特攻戦死者一、四五六名のうち偵察員と分かっている戦死者は八名である。そのうちの一人がこの人である（ただし、陸軍航空特攻戦死者のうち搭乗区分不明者は一五八名であり、このうち一〇名前後は偵察員であった可能性が残る）。この人は朝鮮出身である。朝鮮名は今日に伝えられていない。先述の『ニュース映画』（日本映画社）にこの人の寄せ書きも映し出されている。筆者筆写のうえ引用する。

青空に大海原に君の為
轟沈●るこそ（●は「す」と読める—引用者注）
氣持●●（●●は「よし」と読める—引用者注）
陸軍伍長　林長守

隊長である山本卓美は陸士出身である。辞世にもそれなりの整いがある。一方、林長守のそれはお世辞にも上手《うま》いとは言い難い。林長守のような少飛出身の遺書には、家族への思いに溢れた優しくて潤いのあるものが多い。しかし、この人の内容は大分違う。肩肘の張った堅さがある。辞世という形式にこだわっているようだが辞世になっていない。この人は朝鮮人である。日本人以上に「日本人」を振舞わなければならなかったのであろうか。さらに、自分たちへの取材でカメラが廻っている。それなりの格好付けもいる。この瞬間に言いたいことは一杯あったであろう。しかし、全ての言葉を噛み殺して、日ごろ軍隊内で言い慣れた、こんな無難な言葉がツと口に出た。そして、それがこの人の最後の言葉となった。本当は何を言い残したかったであろうか。そんな「もどかしさ」を感じさせる辞世である。この辞世の原本が今日に伝わっているかどうかは筆者には不明である。異郷（フィリピン）で書かれ、そこで映画フィルムに収められたものである。朝鮮人であったこの人にとっては日本そのものが異国である。さらに異境であるフィリピンの空と海の狭間に、誰に知られることもなく遺書とともに消えて逝った若い命が愛おしい。八紘第八隊勤皇隊の人たちの消息をつぎに記しておく。

一九四四年一二月七日
山本卓美（中尉　陸士　隊長　二〇歳）
東直次郎（少尉　陸士　二一歳）
二瓶秀典（少尉　陸士　二〇歳）
勝又　満（伍長　航養　二一歳）
林　長守（伍長　少飛　二〇歳）

入江真澄（伍長　少飛　二〇歳）
増田良次（伍長　少飛　一九歳）
白岩二郎（伍長　少飛　一九歳）
片野　茂（伍長　少飛　一九歳）
木村秀一（伍長　少飛　一八歳）
湯沢　豊（曹長　召集　二六歳）
北井正之佐（軍曹　召集　二五歳）
加藤和三郎（伍長　少飛　二〇歳）

一九四四年一二月一〇日

これからも、この人たちの出撃は一気に行われたものであったことが分かる。この人たちにはゆるぎない使命感が漲《みなぎ》っていたようだ。隊長を中心とした確固たる部隊結束であったと推測する。一二月七日は陸海軍特攻四三機のうち九機が体当り命中し、連合国艦船八隻が損傷している。山本卓美ら八紘第八隊勤皇隊に戦果があった可能性が残る。一二月一〇日は陸軍特攻九機のうち三機が体当り命中し連合国艦船五隻が損傷している。ただし、この戦果は他の陸軍航空特攻隊のものであり、八紘第八隊勤皇隊の戦果ではなかったようだ。

引用した若杉是俊も山本卓美も共に陸士出身である。日記を読む際はこのことに特に注意を要する。陸士出身者には他の階層出身者とは違った精神性があった。だから、学徒出身の特操出身や少飛出身者とは内容に相当な違いがある。陸士出身者の日記や遺書の内容は勇ましくてやや紋切り形のものが多い。学徒出身者の遺書や日記も使命感が横溢しているが、一面、何とも言えない優しさに満ちている。少飛出身者たちの日記には家族への愛情と感謝が溢れている。このように出身階層により日記や遺書の趣は異なるが、しかし、共通するものがある。それは特攻への揺るぎない決意、溢れるような使命感、そして、透き通るような自己犠牲の精神である。日記の二人も航空特攻を静かに、そしてしっかりと受け入れている。弱冠二一歳と二〇歳の若者である。

ところで、若杉是俊と山本卓美の二人が共通して緊張する場面がある。内地からフィリピンへの飛行機空輸である。大変に重要なことなので、このことを述べておきたい。まず若杉是俊から。

十二月五日　火曜日

〇八〇〇（八時〇〇分—引用者注）歓送裡ニ離陸。沖縄ヲ経テ台湾ニ向フ。航進発起スルニ十機ノ筈ガ六機。其ノ儘出発、一〇二〇沖縄着。新田原上空、空中集合ノ際三竹（少尉）空中接触ノ為墜落殉職。噫。惜シイ哉。惜シイ哉。敵艦ニ目見ユル迄ハ自重自愛スベシ。

天候不良ノ為予定変更、沖縄ニ泊ス。飛大長荒井大尉殿ノ心カラナル饗応ニ感激ス。

（全文）

一二月五日、空輪中に衝突事故を起こしている。殉職した「三竹」の名は陸軍航空特攻戦死者の中に一名存するが、情況から別人と判断する。空中で集合し編隊を組むこと自体が大変な仕事であったようだ。しかし、若杉是俊はこの空中衝突にはさほど責任を感じていないようだ。問題はその四日後一二月九日のことである。

十二月九日

（略）颯爽進発セルモ、途中天候不良、海上一〇〇（米）位ニテ前進、宮古、石垣モ雨ノ為標定シ得ズ。ガムシャラニ前進、台湾南部晴ノ予報ヲ頼リニ。途中雲下飛行不能トナリ、雲上ニ出デ前進、雲ノ隙間ヨリ陸地発見、大喜ビニテ降リタルモ台湾ニ非ズシテ小サナ島、ガッカリシツツ尚捜索スルコト一時間余、雲益々厚クシテ台湾全然標定シ得ズ、一同島ニ不時着決心、此ノ間二機見失フ。遺憾。愈々不時着セントシテ、本隊ヘノ連絡等ヲ思ヒ、今一度ト飛行中、偶然台東飛行場発見、予ノミ不時着。噫、無力者ナルカナ。慙愧ノ至リナリ。御上ノ赤子ヲ斯クバラバラニシタル罪、万死ニ価ス。余程切腹シテ海中ニ入ラント思ヒタルモ、体当リノ日迄許シ給ヘト我慢シタル辛サ、コノ償ヒ必ズ為サズンバヤマジ。当飛行場ニアル軍偵隊長森大尉殿（敏夫 五四期）ノ御厚情ニテ桜旅館ニ泊ス。不時着機ノコトヲ思ヒ、寝ヤラズ。無念、残念。〔失敗ノ因〕1、無理

ヲシタ　2、決心動揺シタ　3、捜索計画的デナカッタ

中継地である台湾までの航行ができなかったこと、そして部下を見失ったことに責任を感じている。「切腹」に価すると言っている。しかし、練度未修の当時の空中勤務者にとって、フィリピンまでの空輸そのものが大変であった。必ずしも若杉是俊ばかりの責任ではない。責任のないところに責任を感じている。律儀としか言いようがない。ところで、この人の場合はかろうじて台湾を発見できた。そうでなかった人たちもいたに違いない。

一二月三日に常陸（茨城県）を出てその日に新田原（宮崎県）に着。一二月四日に沖縄、一二月九日台湾着。この人が最終基地であるフィリピン・アンヘレスに到着したのは一二月一八日である。故障や僚機の不時着で若杉らは目的地到着に二週間以上もかかっている。

つぎは山本卓美の空輸の状況である。

十二月三日　晴

午前一杯整備、早目ニ昼食シ、十二時半頃離陸、婦人会、女学校等見送リ盛大ナリ空中集合、航進発起セルニ一機見エズ、引返シ見ルニ、再度離陸ノ途中ナリ、安心ス愈々晴レノ比島入リナリ、高度二千三百、雲上一時間半ニテバシー海峡ヲ越エ、ツゲガラオ着、砂塵濛々トシテ咫尺ヲ弁ゼザルモ、漸ク着陸、強風ノ為滑走距離ハ短クシテ

停ル
　燃料補給ニ手間ドリ、十七時過ギ離陸、リンガエン附近雨ナリシモ突破、二機追及遅キヲ心配ス
　アラヤットヲ仰ギ感慨アリ
　マルコット着陸モドウヤラ全機無事、ホット一安心、先ヅ第一ノ難事ハ終レリ
　全ク肩ノ荷ヲ下シタル心持ト、全機無事ヲ誇リタキ気持ニテ一杯ナリ（以下略）

この記事からも空輸がどれだけ大変かが窺われる。

　十二月四日　晴
午前中連絡トレズ、アンヘレス宿舎ニテゴロゴロシアリ、食事モアマリ上等ナラズ何トナク身体ダルシ、高山ニ会フ、奇遇ナリ、午后、迎ヘノ自動車来リテ飛行場ニ赴ク、マニラ、ニィルソン飛行場ニ到ルベシトノ指示ヲ受ケ、直チニ出発セントスルモ、分散徹底的ナル為集合ニ時間掛リ、更ニ一機メリ込ミタル為離陸遅レ、十八時将ニ離陸セントスルヤ、入江機尾輪引込ム、止ムヲ得ズ追及ヲ命ジ急遽離陸ス
　ニィルソン着ハ既ニ薄暮ナリ、着陸時烟霧アリテ視度悪ク、更ニ、飛行場ハ中央高ク傾斜甚ダシキ上ニ無風ニテ、皆滑走著シク延ビ、遂ニ湯沢機、北井機、加藤機、各々小破、中破、大破ス、此処迄来テ飛行機ヲ壊ストハ実ニ残念、更ニ注意ヲ与ヘ置ケバ可ナ

リシニ等ト悔ユルモ及バズ（以下略）

この記事は、やっとの思いで到着しても、今度は着陸が不十分で大切な飛行機を壊している。しかし、これも山本卓美の責任ではない。日記の情況からは飛行場が未整備であったようだ。飛行場の滑走路は平坦であると誰もが思う。しかし、ここの滑走路の途中は山状になっていたようだ。だから事故が起きる。

一一月二四日に鉾田（茨城県）を離陸しその日に大阪（八尾）に着、一一月二八日には新田原、一一月二九日には台湾、一二月四日にフィリピン・アンヘレス、一二月五日にマニラに到着している。悪天候と故障で目的地到着に二週間弱かかっている。

空輸は本土からフィリピンまでを一気に飛んでいくのではない。関東の錬成基地から内地を経て沖縄や台湾などの島々を点々と中継しながら飛んでいくのである。相当な距離である。こんな遠征そのものが初体験である。特攻戦死の前に空輸で殉職した人たちも多かったようだ。空輸には一〇日から二週間もかかっている。悪天候での引き返し、故障、事故、器材の調達不備、出発したものの航行ができずに不時着、そして、生活環境もどんどん変化していく。本土から離れていくほど、生活環境は悪くなっていく。普通なら気持ちが段々と萎えていくものと思う。しかし、日記からはそのことの愚痴は聞こえてこない。この人たちの決意と覚悟はむしろ段々と先鋭化していく。この人たちの使命感は揺るぎがない。

若杉是俊の八紘第八隊殉義隊と山本卓美の八紘第十隊勤皇隊は、どうにかフィリピンの出撃基地まで前進できたようだ。特攻そのものが大変である。しかし、その前に、確実に自分と飛行機を空輸しなければならない。この人たちにとって空輸の失敗でむざむざ殉職するわけにはいかない。日記からは、特攻もさることながら空輸も決死であったことが窺われる。

戦線が延びきっている。日本軍は最前線への機材の補給で相当な消耗をしている。今日で言うロジスティックスを全く度外視した結果である。人間の能力、機材の能力、技術の能力、その全てに限界がある。そんな限界を全く無視して、ただただ若い人たちの精神力だけを頼りに戦争を行っていたのである。戦略もなければ戦術もない。航空特攻という「命令」だけがあった。

フィリピンでの陸軍航空特攻では、半数強は本土からの空輸となっている。一方、海軍神風特攻は全部が現地部隊での編成である。現地で編成する方が合理的であると考える。しかし、フィリピンの陸軍航空特攻の場合はそうはなっていない。何故このような無理をして部隊を本土から移動させなければならなかったのか。このことについては次章で触れる。

第六章――石腸隊の最後

フィリピンでの陸軍航空特攻隊の中で石腸隊（八紘第六隊）と命名された部隊がある。「石腸」とは「鉄心石腸」に由来するという。鉄や石のような固く揺らぐことのない精神を表している。

陸軍航空特攻は通常は一二名（一二機）の中隊編成であるが、八紘第六隊石腸隊は一八名（一八機）編成となっている。一八名のうち一六名が陸士出身者で占められている。あとの二名のうち一人は少尉候補生出身、残り一人は召集兵出身の曹長（准士官である）、とにかく大尉から少尉の士官そして准士官の一八名で編成された部隊である。部隊全員が士官（准士官）という編成は必ずしも八紘第六隊石腸隊固有のことではないが一八名の大所帯での編成は希有である。固有の意気込みのようなものが感じられる。とにかくこの部隊は、士官による率先垂範という自負を担っていたものと考えられる。

八紘第六隊石腸隊は一九四四年（昭和一九）一二月から翌年一月に亘って、一八名のうち一七名がつぎつぎと戦死した。そして一名が生還している。その一名の生還者を吉武登志夫（少尉）という。この人が平成一一年に手記を公にしている。元石腸隊員吉武登志夫『生き残り特攻隊員の手記—長い日日』〈財〉特攻隊戦没者慰霊平和祈念協会一九九九年 非売品以下『手記』吉武）である。『手記』（吉武）から八紘第六隊石腸隊をとおして、フィリピンでの陸軍航空特攻隊の編成から全滅までの道程と、そもそもフィリピンにおける陸軍航空特攻の目的は何であったのかを見ておきたい。

八紘第六隊石腸隊員の大半は一九四四年（昭和一九）三月に陸士を卒業したのち、千葉県の下志津飛行場で軍偵察の訓練を受けた空中勤務者たちである。「軍偵察」の意味であるが、陸軍の航空偵察には「司令部偵察」、「軍偵察」、「直接協同偵察」の三種類があった。「司令部偵察」は敵陣深く侵入する戦略偵察を担うものである。『百式司令部偵察機』という精鋭の有能な飛行機があった。これに勝る偵察機は連合国軍にもない。文字どおり司令部直轄の戦略偵察を目的としている。単機の行動で、すこぶる危険な任務である。空中勤務者の中でも有能な人たちが選ばれたと言われている。司令部偵察は偵察の花形である。フィリピンにおける特攻作戦も、『百式司令部偵察機』による偵察が縁の下の力として活躍している。

この「司令部偵察」の対極に位置するものとして「直接協同偵察」という局地偵察があった。地上部隊と直接に共同して味方地上部隊周辺の局地偵察や味方砲撃の着弾などを観測する任務を担う。『九八式直接協同偵察機』が主力機であった。この飛行機は一九四四年（昭和一九）頃には旧式化しているが、局地偵察機として有能であった。とにかく使いやすい有能な飛行機であった。敗戦後にはインドネシアやタイなどに残置された本機がその国の空軍などで広く使用された実績をもつ。

ところで、「軍偵察」とは「司令部偵察」と「局地偵察」の中間の戦術偵察を担うものである。中距離の偵察や観測を行う。前記の「司令部偵察」や「局地偵察」と違うのは、単なる偵察だけではなく同時に地上攻撃をも担っていたことだ。『九九式軍偵察機』（以下『九九軍偵』）が主力機である。両翼下にそれぞれ一〇〇キロ爆弾（合計二〇〇キロ）が懸架できる構造になっていた。地上攻撃も可能であったことから『九九式襲撃機』とも呼ばれていた。この飛行機は開発当初（昭和一四年）は有能であったが一九四四年（昭和一九）頃にはすでに旧式に属していた。しかし後継機がなかったことから、また使いやすかったことから一九四四年（昭和一九）当時でもまだ実用機であった。

吉武登志夫らの八紘第六隊石腸隊はこの「軍偵察」部隊として訓練を受けている。偵察とはいえ戦闘機部隊とは違った技量が要求される。偵察と地上攻撃を兼ねそなえていたことから訓練は熾烈を極めている。訓練中の事故による殉職は日常のことであったようだ。一九四四年（昭和一九）三月から九月の間に、『手記』（吉武）に記された事故だけで四件、殉職者は七名である。こんな烈しい訓練の後、一九四四年（昭和一九）一一月五日に編成の命令が下る。八紘第六隊石腸隊の編成である。『手記』（吉武）はその時の状況をつぎのように記す。

一一月五日、午前中は飛行訓練、一六時過ぎ、任地発表のため全員集合し、河村宗彦中佐（四一期）教育隊長より「教官、助教、四名を加え、一四名全員、第四航空軍司令部付〔と号要員〕を命ず」との命課を受け、なるべく速やかに比島に赴任し第四航空軍（軍司令官冨永恭次中将）の指揮下に入れ、との指示があった。隊長は主任教官であった高石邦雄大尉（五四期）、副隊長は教官細田吉夫中尉（五六期）、他助教増田憲一少尉（少候二四期）、時田芳造曹長を加え計一八名が八紘第六隊となった。

『手記』（吉武）を読む限り、特攻隊編成は志願ではなく命令である。それもかなり急な命令であったようだ。ここで言う〔と号要員〕の「と号」とは「特別攻撃隊」の意である。吉武登志夫はその瞬間には「と号」の意味がよく飲み込めなかったようだ。

初め「と号要員」とはどのような任務であるか、特別任務の部隊であることは推察できるが、とにかく「と号要員」と言う事は極秘とされた。

しかし、この人たちのことだ、「と号」の意味はすぐに察しがつく。そして「と号要員」をある種の感激で受け入れている。その日は行きつけの店で祝杯をあげている。

翌六日に立川航空廠で『九九軍偵』を受領している。製造年月日は「一九年一〇月製」であったとしている。新品である。

ここで『九九軍偵』について。三菱重工業製、一九三九年（昭和一四）制式採用である。戦術偵察と地上攻撃の二つの任務を担う。最高時速四二四km／h、複座式で前部座席には操縦員、後部座席には偵察員が搭乗する。特攻では後部座席の偵察員は端から外されている。八紘第六隊石腸隊も前部席の操縦員だけの編成となっている。本機は地上攻撃の爆装もできることから『九九式襲撃機』と呼称される場合もある。今日では『九九式襲撃機（九九式軍偵察機）』と括弧書きで併記されているが、ここでは吉武登志夫の手記の表記を尊重して『九九軍偵』としておく。

『九九式軍偵察機（襲撃機）』

デビュー当時は優秀機で、敵戦闘機との空中戦で撃墜記録もあったようだ。しかし、一九四四年（昭和一九）の後半期では性能は相当な劣性となっている。脚もむき出しの固定である。しかし、当初の設計がかなりしっかりしていたようだ。だから後継機の開発が遅れている。劣性をおしながら陸軍の実用機として終戦まで使用された。三菱重工業では昭和一八年に生産が中止されているが（合計一、四七二機）、昭和一九年三月からは立川陸軍航空廠で生産が引き継がれている。ところで立川陸軍航空廠で吉武登志夫らが受領した『九九軍偵』は少し様子が違っていたようだ。吉武はつぎのように記す。

製造年月日19年10月製、九九式軍偵察機の航空写真撮影用下方開口部は鋼板で被覆補強され、五〇〇瓩爆弾懸吊架装備（九九式軍偵の爆弾搭載限度は二五〇瓩）となっていた。

機体底部の偵察用窓が鋼板で覆われていたという。すでに偵察機としての用をなしていない。本機の標準爆装は両翼下にそれぞれ一〇〇kg、合計二〇〇kg爆装が最大であるが、受領機は胴体下に五〇〇kg爆弾の懸架装置がつけられていたとしている。通常の二倍強の爆装である。ここからは筆者の推測であるが、『九九軍偵』の生産が三菱重工業から陸軍直営の航空廠に引き継がれた主な理由は、『九九軍偵』を特攻運用に設計変更したからではないかと考える。

ここで余談、フィリピンでの陸軍特攻（一九四四年九月から一九四五年一月まで）で特攻運用された飛行機の合計は二一六機である。内訳は『一式戦闘機 隼』の七五機、『九九軍偵』の三七機、『四式戦闘機 疾風《はやて》』の三三機、この『四式戦闘機 疾風』は当時の最新精鋭の戦闘機である。このような最精鋭機も特攻運用されている。あと『二式複戦 屠龍』二五機、『九九双軽』一三機、『百式重爆 呑龍』一一機、『四式重爆 飛龍』八機、『零式輸送機』四機、不明一機となっている（いずれも筆者推計）。とにかく、当時の実用機が特攻運用されている。これらの飛行機の中でも『九九軍偵』は旧式機に属するが、どうやら、陸軍は『九九軍偵』を意識的に特攻運用したようだ。『一式戦闘機 隼』、『四式戦 疾風』などは一定の性能を有していたのでそのままで特攻への流用は可能であった。しかし『九九式軍偵』は、そのままでの特攻への流用は効果が薄いことから、特攻用に設計変更されたと考えられる。このような設計変更は『九九双軽』や『四式重爆 飛龍』などすでに述べてきたとおりである。

因みに、終戦までの陸軍航空特攻の全特攻運用数は一、一八三機である（フィリピンと沖縄戦）。その中で『一式戦 隼』の二五八機が多く、つぎに『九九軍偵』の二一二機が続く。とにかく本機は陸軍航空特攻の主力機であった。しかしながら、本機での特攻成功率は極めて低かったようだ。その理由は本機の性能的な劣性にある。本機の特攻運用が決して効果的ではなかったことは、八紘第六隊石腸隊が証明している。このことは後に記す。

話を戻す。吉武登志夫らの石腸隊は翌々日の八日は銚子飛行場からフィリピンに向けての前進となる。新品の飛行機の場合は通常は一週間程度の試飛行が必要であったらしいが、そんな余裕はなかったようだ。慌《あわただ》しい戦地への前進となっている。出発に際して陸軍参謀総長より直の訓示があった。

参謀総長　訓示

皇国ノ存亡ヲ決スベキ重大決戦ノ機ハ正ニ今日ニ在リ、陸海空ノ総力ヲ挙ゲテ驕敵ヲ比島周辺ニ殲滅スベキ皇軍未曾有ノ戦機ニ際シ、諸官選バレテ急遽決戦場ニ馳セ参ゼントス、而モ一機克ク敵艦船ヲ必殺シ戦勝ノ途ヲ拓クベキ栄誉ト重責トヲ荷フ、洵ニ皇軍ノ闘魂凝リテ諸官ノ部隊ニ存シ全軍必死必殺ノ先鋒タリ、諸官ハ現下皇軍ノ最モ崇高且精強ナル戦力ニシテ大本営トシテモ期待スル所極メテ大ナリ、希クハ諸官朝夕奉唱遵奉シ来レル義ハ山嶽ヨリモ重ク死ハ鴻毛ヨリモ軽シト覚悟セヨノ御勅諭ヲ身を以テ実践シ殉国ノ大義ニ透徹シ、機身一如軍人精神ノ真髄ヲ発揮センコトヲ、茲ニ磐石不滅ノ神州ノ礎石トナリ皇威ヲ八紘ニ顕現セントスル八紘部隊諸官ノ壮途ヲ祝シ切ニ敢闘ヲ祈ル

昭和十九年十一月八日　　　参謀総長　梅津美治郎

この訓示のあと、石腸隊はフィリピンに向けて前進するのであるが、実はこの空輸が大変である。このことはすでに述べた。この時の空輸は一八名（一八機）のうち一一機による第一陣の出発である。手記の吉武登志夫は第一陣に加わっている。『手記』（吉武）に則して八紘第六隊石腸隊第一陣の経路を記しておく。

一九四四年（昭和一九）一一月八日には銚子（千葉）を出発し（カバー写真下）加古川（兵庫）に向かう。しかし、この日は雲が多く一旦銚子に引き返している。技量未熟者の編隊空輸は簡単なものではない。結構天候に左右されている。少しの悪天候でも飛ぶことができない。『手記』（吉武）を読んでいても心許ない。翌九日に再度出発、この日は天気が良かった。無事加古川に到着し、ここで一泊している。一〇日に加古川を出発し新田原（宮崎）に向か

う。この日も天候が悪く編隊がバラバラになったようだ。そこで一旦加古川に引き返し、その日のうちに再出発して新田原（宮崎）に到着、ここで一泊している。一一日に新田原から知覧（鹿児島）に向かう。この日は無事に飛行できたようだ。そして知覧で一泊している。一二日は知覧から伊江島に向かい、ここで一泊している。一三日には伊江島から石垣島を経由して台湾の花蓮港南飛行場、そして花蓮港北飛行場に到着しここで一泊。翌一四日はまた花蓮港南飛行場に引き返して丸一日を飛行機の整備に費やしている。そして一五日に同じ台湾の台東飛行場に前進し、ここで一泊している。一六日に台湾台東を出発、フィリピンのラオアッグを経由しデルカルメンに到着、ここで一泊している。一七日に最終地のポーラックに到着し、ここで一旦落ち着いている。

ところで石腸隊の出撃基地はそこからまだ南に下るバゴロドである。ポーラックは後方の待機基地となっていたようだ。とにかく空輸の最終基地ポーラックにたどりつくのに九日間を要している。他の部隊との比較ではまだ速い方だが、その道のりは決して平坦なものではなかった。吉武登志夫たち一一機は比較的平穏にたどり着いたようだ。一九日にポーラックからマニラに本拠がある第四航空軍司令部に到着の申告を行っている。この時の現地軍司令は前述した冨永恭次（中将）である。冨永はこの人たちにも漢詩を贈っている。出典は押尾一彦『特別攻撃隊の記録〈陸軍編〉』（光人社 二〇〇五）とする。そこに掲載されている写真資料によると毛筆揮毫《きごう》の縦書きとなっている。筆者筆写のうえ引用する。

告石腸特攻隊々将士

不動石腸靖皇國
崇高如神将士姿
一身軽然大任重
不怖死亦勿求死

昭和十九年十一月十九日比島方面航空指揮官冨永恭次（花押）

陸軍大尉　高石邦雄
陸軍少尉　林甲子郎
陸軍少尉　岡上直喜
陸軍少尉　吉武登志夫
陸軍少尉　片岡正光
陸軍少尉　安達　貢
陸軍少尉　市原哲雄
陸軍少尉　大井隆夫
陸軍少尉　伊藤誓昌
陸軍少尉　山浦　豊
陸軍少尉　増田憲一

右肩上がりの癖のある字体である。何と読み下せば良いのであろうか。「石腸特攻隊々将士に告ぐ／不動の石腸、皇国を靖《やす》んず／崇高にして、神の如き将士の姿／一身は軽し、然《しか》し、大任は重し／死を怖れず、亦《また》死を求む勿《なか》れ」で良いのであろうか。よく似た詩があった。万朶隊に送った漢詩だ（第二章参照）。

ここで冨永恭次について。第四航空軍司令長官（中将）としてフィリピンでの陸軍特攻作戦を指揮している。『陸軍特攻』（高木）は刀を振り回して特攻出撃を見送るこの人に不快感を露わにしている。先述の『ニュース映画』（日本映画社）にこの人が写し出されている。確かに「行け！　行け！」とばかりに日本刀を振りかざしている。第四航空軍のマニラ後退（一九四五年一月一七日）の際、自分と側近が一番に台湾に引き上げたと言われている。後世の多くの評論家は冨永恭次の行動は「問題」であるとしている。当時でさえ陸軍もこれには不快であったらしく冨永恭次は予備役に左遷されている。自宅謹慎である。一九四五年（昭和二〇）七月に再召集され、満州第一三九師団長として「満州」に赴任し、終戦後はソ連の捕虜となり一九五五年までの一〇年間を抑留されている。「生きて虜囚の辱めを受けず」を率先垂範しなければならない人が「辱め」を受けている。冨永恭次にも色々と事情が重なり結果的にそうなったのであろう。もちろん戦後を生還することは非難されるべきものではなく、だからそれでいい。しかし、と敢えて言っておきたい。日本陸軍では率先垂範は士官の規律であったはずだ。八紘第六隊石腸隊をはじめ八紘各隊の隊長は正に士官による率先垂範を実践している。しかしながら、なによりも率先垂範を実践しなければならなかった冨永恭次は「虜囚の辱め」を受けて生き残った。これを歴史の「皮肉」と達観すればいいのか判断に悩むところである。

しかし、この冨永恭次にも悲しい現実があった。この人の子息を冨永靖という。一九四五年（昭和二〇）五月二五日、陸軍特別攻撃隊 第五八振武隊として沖縄戦で特攻戦死している。慶応義塾大学出身、陸軍特別操縦見習士官出身、少尉、享年二一歳であった。ところで、この人の出撃は颯爽としたものであったと伝えられている。

話を戻す。八紘第六隊石腸隊は一一月一七日に苦労して「ポーラック」に到着し、一九日にマニラの冨永恭次に到着の申告をした。その翌日二〇日に基地に帰ってみると、一一機の

『九九軍偵』のうち八機が前日（一九日）の空襲で消失しており、残りの三機も被弾していたという。苦労して空輸してきた『九九軍偵』が一瞬のうちに喪失している。「誠に申し訳なく痛恨の極みである」と吉武登志夫は記している。現地での『九九式軍偵』の調達という余計な仕事が加わる。よく似たことがあった。万朶隊は冨永恭次への申告がもとで士官全員が出撃前戦死を遂げている。石腸隊も冨永への申告の最中に飛行機を喪っている。隊員が基地に待機さえしておればこんな事態にならなかったのではないかとの恨みは残る。日本軍は連合国軍と戦をする前に、内部のゴタゴタやドタバタに翻弄《ほんろう》されている。そんな中で一一月二二日のこととして吉武は興味ある記事を記している。

> 夕刻隊長（高石大尉―引用者注）が帰隊され、全員を集めて「石腸隊員の闘志は極めて高く、乙種学生の訓練では特に艦船攻撃訓練を十分積み重ねてきており一回限りの体当り攻撃とせず、何回でも思う存分決死の攻撃を繰り返して、戦果を最大限に挙げつづける戦法の採択を懇請したが、この意見は航空軍の特攻の趣旨とは違うものである、としてしりぞけられた。

この部隊も跳飛爆撃訓練が行われていたという。飛行機に二五〇kg爆弾を懸架し、高速の超低空で海面すれすれで爆弾を投下する。勢いのついた爆弾は海面に叩き付けられて進行方向に勢いよく飛び跳ねる。池に向かって小石を水平に投げれば、その石は沈まずに水面を飛び跳ねていく原理である。これを利用して飛び跳ねた爆弾で連合国軍艦船の側舷を爆撃しようとする攻撃である。万朶隊長の岩本益臣はこの跳飛攻撃のベテランであったことは第一章ですでに述べた。石腸隊もこの跳飛攻撃訓練を行っている。

『陸軍特攻』（高木）は、陸軍航空特攻隊員の間で特攻に懐疑的であった理由として、当時の空中勤務者は跳飛爆撃による反復攻撃を主張したことを挙げている。この人たちは確かに訓練で跳飛爆撃の厳しい訓練を受けている。八紘第六隊石腸隊も同様である。しかし、高石隊長の意見具申は一蹴されたようだ。

隊長がこの別途戦法採択について意見具申に及ばれたのは訓練の成果を最大限に発揮させたいという部下を思い隊を思う真情、ある意味では苦衷の表現でもあったのではなかろうか。しかし決定あれば従容、そして果敢に命令を隊長自ら率先遂行する。これぞ国を護ろうとする軍人精神の権化というべきものであろう。

『手記』（吉武）は跳飛攻撃を受け入れられなかったことに不満を言っているわけではない。むしろ特攻を従容として受け入れている。ここが『陸軍特攻』（高木）と違う。

そんな日本の側の事情にお構いなく、ポーラック基地には連日米軍機による空襲が相次いだ。そんなある日、吉武登志夫は米軍機の勇敢な行動に瞠目している。

我が地上砲火で被弾した敵機が炎を吹きながら滑走路目掛けて自爆する。敵の戦意も侮り難く天晴れなものであると手を合す。

体当り攻撃は日本固有の戦法ではない。連合国軍においても体当りはあった。どこが違うのか。連合国軍のそれは、生還を期し得ない極限状況での、パイロットによる咄嗟の個人判断によるものである。以前の日本軍もそうであった。兵士のその場の状況による咄嗟の体当り攻撃はあった。しかし、この時点での日本軍はあきらかに違う。体当り攻撃は空中勤務者の意思である前に、命令によるものであり、また、個人の咄嗟の判断によるものではなく、集団による正式な作戦として採用されている。同じ体当りでも明らかに違う。

話を戻す。石腸隊は新たな飛行機の調達に奔走することになるのだが、現地でかき集められた『九九軍偵』は新品ではない、どれもまともな代物ではなかったようだ。部隊全員での必死の整備作業が始まる。そして何とか飛べる状態になったようだ。一一月二九日のこととして、つぎのような記事がある。

夕刻バゴロドより高石隊長が市原少尉を同乗させてポーラックに帰ってきた。陸軍の五〇〇瓩爆弾は瞬発的で弾体も弱く、対艦船攻撃には効果の点でやや不適であるので、海軍のもつ五〇〇瓩徹甲爆弾がポーラックに補給されたとのことでこれを引取りに帰還したものである。ところが海軍用爆弾は軍偵機の懸吊架に適合しないので、これを補修しなければならなかった。

吉武登志夫はあっさりと記しているが、ここに日本陸軍と日本海軍の「縦割」統帥の実態がある。同じ日本軍機でありながら、細部の仕様は陸軍機と海軍機では違っていたようだ。要するに陸海軍でパーツの仕様が異なり互換性がなかったらしい。爆弾の懸架装置も違っていた。飛行機の操縦操作も違っていたようだ。例えばスロットルレバー（アクセル）も陸軍機と海軍機では構造が違っていたようだ。だから陸軍空中勤務者は海軍機を操縦できない。陸軍仕様と海軍仕様の違うことから同一の飛行機メーカーでも生産工程が別々であったり、さらに工場も別々であったと聞く。労働力、資源、技術の無駄遣いである。日本軍は外の敵と戦う前に、内なる勢力争いに奔走している。日本敗因の一つがここにある。内部矛盾による自滅である。連合国軍に勝てるはずがない。

一二月四日の夜、バゴロド基地で翌日の八紘第六隊石腸隊特攻出撃のための宴が行われた。その宴に万朶隊の佐々木友次（伍長）が加わっていた。佐々木友次は『陸軍特攻』（高木）に度々登場する。体当り攻撃をこころよしとせずに、出撃ごとに爆弾を投下しては生還したという。その出撃回数は七回に及ぶ。佐々木はこの日も統帥部から決して還ってはならないと引導を渡され出撃した。しかし、途中で連合国軍の邀撃《ようげき》に会い、爆弾を投棄してバゴロド基地に不時着している。そして、宴の同席となった。このあたりの状況は『陸軍特攻』（高木）と吉武登志夫の『手記』（吉武）は日付も時間の状況も全て一致する。生還者による多くの戦記を読んでいつも感じることであるが、この人たちは、その当時の状況を実に詳しく記憶していることに驚かされる。逐一メモをとっていたのか、全くの記憶なのかは詳らかではない。しかし、詳細におよぶ記憶は驚嘆である。隅々まで脳裏に残るほどに戦争は峻烈な体験であったということか。吉武登志夫は佐々木友次の印象を「口数の少ない物静かな好青年であった」と記している。

そして翌一二月五日、吉武登志夫らの第一陣に特攻出撃が下令される。この日、吉武は出撃していない。前日の試飛行の着陸の際に乗機が泥水をかぶり、そのためにエンジンが不調となったようだ。飛行可能の八機が出撃した。この八名（八機）を見送る吉武登志夫は、その状況をつぎのように記す。

出撃に当り寺田師団長の訓示があり乾盃の後いざ出撃とて隊長以下は次々に固い握手を交し飛行機の方に足速に去って行った。不覚にも涙が流れて仕方なかった。その時大井少尉がつと私に走り寄り、肩を抱いて飛行服のポケットからウイスキーの小瓶を取り出し、一口飲んで私の口に押付け「吉武一足先に行くぞ、必ず成果を挙げる、貴様も必ずこいよ」と、彼は残りのウイスキーを一口飲んで堅い決意を示す如くウイスキーの小瓶を地面にたたきつけた。私は言葉もなく唯数回うなずくのみ、感無量であった。九九式軍偵八機は整然と飛行場南端に進み、一〇時半北に向って逐次離陸、地上で見送りの者は旗を振り、帽子を振り、私も飛行服の上衣を脱いで打ち振った。

ウイスキーで別れの杯を交わした「大井少尉」の遺書が伝わっている。後に引用したい。『特攻被害データベース』（筆者）によると、石腸隊を含む日本軍特攻機一五機のうち、米海軍の駆逐艦二隻に二機、輸送船一隻に一機の合計三機が命中、日本軍特攻機の突入で合計六隻が損傷し、上陸揚舟艇一隻が沈没している。しかし、これは海軍神風特攻の『零戦』や、同じ陸軍であっても『一式戦隼』等の精鋭機による戦果であり、石腸隊の『九九式軍偵』の攻撃は空しく終わったようだ。その一週間後の一二月一二日に吉武の出撃となった。その瞬間の感慨は、

椰子林の中に降る静かな雨。一同語る者もなく、数時間後には死に臨むという悲壮感もない。ひたすら攻撃成功を祈るのみ。

と感情の起伏のない淡々とした記述である。朝七時、雨が上がった。出撃である。しかし、吉武機のエンジンの調子がよくない。出力が出ない。その無理をおしての離陸となった。離陸はしたものの僚機からどんどん離れていく。編隊が組めない。遅れを取り戻さなければならない。その焦りで空中勤務者にとって最も大切な見張りがおろそかになった。その虚をつ

かれ吉武登志夫は米軍の『グラマンF6Fヘルキャット戦闘機』に捕まった。機銃の火閃が左右に飛び交う中、回避運動を繰り返し、機は海面すれすれまで降下、とここまでは記憶にあったらしい。つぎに気がついた時は「どうしてこんなところに居るのだろう。思わず固定バンドの止め金をはずす。どさりと下半身が落ちた」としている。小さな島の海軍基地に不時着したのである。頭皮の半分がめくりあがる大怪我を負う。この傷が吉武登志夫を別の運命に誘うことになる。

ところで、この日（一九四四年一二月一二日）、陸軍航空特攻として三機が未帰還となり、そのうち一機が命中している。それが八紘第六隊石腸隊によるものか不明であるが、三機の突入の結果として米海軍駆逐艦と揚陸艦の合計五隻が損傷を受けている。

年があらたまり一九四五年（昭和二〇）となった。一月一〇日に吉武登志夫は傷が癒え、ポーラック基地に戻る。この間、石腸隊はつぎつぎに出撃している。一二月二二日は一名（一機）の出撃である。この日の石腸隊の戦果は報告されていない。一月五日は三名（三機）の出撃である。森本忠夫『特攻』（文藝春秋）は「この日、凄絶なスペクタクルが展開された」としている。『特攻被害データベース』（筆者）では一二機の体当り命中があり、連合国艦船一一隻が相当な損傷を受けている。しかし、いずれも海軍神風特攻の戦果であったようだ。石腸隊の攻撃は空しく終わっている。一月六日は一名（一機）の出撃である。この日も海軍神風特攻は相当な戦果を残しているが、石腸隊の体当りは記されていない。そして一月八日の三名（三機）の出撃を最後に部隊は全滅した。この日も連合国艦船は相当な被害を受けている。しかし、これも海軍神風特攻と陸軍の別の特攻隊によるものであったようだ。

吉武登志夫は石腸隊のたった一人の生還者となった。吉武登志夫は飛行機を探すが見つからない。そして戦局の悪化により台湾への撤退命令を受け、台湾の屏東に移動する。二月一四日のことである。そのまま台湾に残留し終戦を迎えることになる。吉武登志夫は奇跡的に生還する。エンジンの不良、大怪我、こんなことが吉武登志夫を生還へと誘った。偶然の積み重ねである。生と死はまさに紙一重の偶然の所産である。八紘第六隊石腸隊の消息をつぎに記しておく。

一九四四年一二月　五　日　高石邦雄（大尉　陸士　隊長　二四歳）
市原哲雄（少尉　陸士　二一歳）
大井隆夫（少尉　陸士　二三歳）
片岡正光（少尉　陸士　二六歳）
下柳田浩（少尉　陸士　二三歳）
山浦　豊（少尉　陸士　二二歳）
増田憲一（少尉　少尉候補　二五歳）

一九四四年一二月　八　日　伊藤誓昌（少尉　陸士　二一歳）
一九四四年一二月二一日　井樋太郎（少尉　陸士　二一歳）
一九四四年一二月二二日　安達　貢（少尉　陸士　二〇歳）
一九四五年　一　月　五　日　細田吉夫（中尉　陸士　二五歳）

一九四五年一月六日　杉町研介（少尉　陸士　二三歳）
　　　　　　　　　　林甲子郎（少尉　陸士　二一歳）
　　　　　　　　　　岡上直喜（少尉　陸士　二三歳）
一九四五年一月八日　上野哲弥（少尉　陸士　二一歳）
　　　　　　　　　　鈴木敏治（少尉　陸士　二七歳）
　　　　　　　　　　時田芳造（曹長　召集　二九歳）

殆どが陸士出身者による精鋭部隊である。しかし、この部隊は約一ヶ月におよぶ合計七回に亘る必死の攻撃にもかかわらず、戦果は芳しいものではない。『九九軍偵』は当時でも実用機ではあったがすでに時代遅れの飛行機である。全体の印象は精悍ではあるが固定脚の旧式機である。昭和一四年採用から五年が経過している。デビュー当時は優秀であったが、この時点では米軍の精鋭戦闘機には対応できていない。採用時にあまりにも優秀でありすぎた故にその後の後継機の開発を怠っている。日本軍機にはこのようなケースが多い。一方、八紘第六隊石腸隊と同日に出撃した海軍神風特攻は相当な戦果を上げている。兵装は『零戦』である。海軍の精鋭機である。戦果を上げた陸軍の別の特攻隊は『一式戦　隼』の兵装である。両機ともその時点では旧式化しているが、特攻運用の日本軍機の中では高性能であった。速度をはじめ各種性能は全く違う。『九九式軍偵』はあまりにも旧式であり劣性である。いかに士気が高く、いかに精鋭の陣容であろうとも、飛行機の性能がそれに伴わなければ何の意味もない。旧式機をあてがわれた八紘第六隊石腸隊一七名の命は、この人たちの意気込みとは裏腹に空しく南溟の空に消えて逝った。

『手記』（吉武）には大井隆夫（前述　少尉　陸士　二三歳）の遺書が掲載されている。戦死（一二月五日）の一〇日前（昭和一九年一一月二五日）に書かれたものである。引用させていただく。

御両親様

最早や晩秋の候、其方ではそろそろ涼気身に沁む頃と存じます。

当方比島に於ては内地と正反対、相変らず防暑シャツ一枚で頬をなでる微風に涼気を取って居ります。バナナ林を渡る夕風、静かに揺れるパパイヤの実、南国情緒豊かな中に夕闇は迫って参ります。此の静かな中に小生勇躍前進基地ネグロス島に前進致します。無事目的地に到着、敵艦船と刺違えに散華し得るや、或いは途中敵戦闘機に喰わるるや、其は一に運命、唯々万全を期して任務必達に邁進するのみであります。

後続の同期生三名も只今到着、久々に内地の音信を受け破顔大笑。

当地に参り、航士校時代の教官殿、或いは他部隊の同期生等勇ましい面々にも会いました。戦場に来れば全部が全部血の通った兄弟です。死ぬとか生きるとか、予科士官学校以来随分と思い悩み苦労したものですが、今にして思えば何と馬鹿苦労したものだと思われます。身に余る立派な任務。大命、あるのみであります。

殊に小生の死處は、言い様もない実に実に甲斐ある大御戦の焦点であります。小生嬉しくて嬉しくて、立派に、必ず立派に仕遂げる覚悟であります。

御両親様も吃度御満足遊ばさるる事と確信し、小生只今より楽しみに致し、更に心身の鞏化を計り居ります。

前進も既に迫って参りました。此処数日の休養に心身共に清爽、固い決意もじっくりと落着きを副え、肚の底深くどっしりと静まって居ります。

遙かに仰ぐ敵地の空、グーッと上がって来る闘志、満々たる自信、思わずニッコリと独り微笑みます。

では御両親様、行って参ります。さようなら。

一降下一撃沈

皇国の運命を負ひて征く桜花の

蕾ぞ散りて甲斐はありける

十一月二十五日　ポーラックにて

特攻隊員の残した遺書はそれぞれ個性的である。この人の遺書もそんな一通である。そこには陸士出身者としての矜持がある。使命感の横溢した、いかにも士官学校出身者らしい内容となっている。特攻隊員の残した遺書が全てこんな調子であったのでは決してない。この人固有の遺書である。

この部隊は殆どが陸士出身の士官である、このことはすでに述べた。その中でただ一人の准士官がいる。時田芳造（曹長 召集 二九歳）である、しかもこの人は部隊の中でも年長者である。一人ポツンといった感じである。何故この人だけが准士官なのか。『手記』（吉武）はある種の敬意をもって、この人のことをつぎのように紹介している。

時田曹長は昭一一年兵として入隊後下士官候補として操縦の道に進み飛行第一〇戦隊に配属された。昭一六年一二月比島進攻作戦に従軍、バターン作戦、コレヒドール作戦に参加、昭一八年七月ニューギニア島ブーツに移動しニューギニア東方作戦に従事し、昭一九年六月下志津陸軍飛行学校付に発令された。彼の実戦部隊で磨かれた技倆と豊富な経験は航士出身乙種学生の飛行訓練の助教としても十分に発揮された。彼の性格は温和そのもので微かな笑みを持ち対話を交す悠暢な姿は今も深い印象を残していると旧戦友は語っている。

乙種学生を卒業したばかりの未熟な我々にとって、この熟練し比島の地理に明るい歴戦のつわもの時田曹長の存在がどれ程頼みになったか計り知れないものがあった。自ら教えた五七期の若鳥と共に石腸隊の最後を飾ってリンガエンの敵艦船に体当たり散華した。

時田曹長は新婚早々、五七期乙種学生の助教という因縁で特攻隊に編入され、新妻を残して出陣するその心情は全く測り知る事もできない。

陸士出身と飛行技術は全く別問題である。少飛出身者や時田芳造のような召集出身者のほうが、飛行技術に関しては上手である。この部隊の士官全員は、飛行技術はまだ未熟であったと推測される。その飛行技術の指導が時田芳造の役割であったようだ。実戦経験がある。部隊にとっては下級者といえども貴重な存在であった。この人は部隊の全滅を見届けるかのように殿《しんがり》を務め最後に突入していった。

部隊が編成されたのは一九四四年の一一月六日、部隊が全滅したのは一九四五年一月八日、わずか二ヶ月の一八名の戦友たちであった。

ところで、一九四四年九月から一九四五年一月までのフィリピンでの陸軍航空特攻では二八一名の人たちが戦死し二二六機の飛行機が喪失している（筆者推計）。そして、このうちの半分強となる一五〇名（一三四機）が、日本本土で編成された特攻専用部隊による犠牲である。この人たちは、これまで本稿で述べてきたように、いずれもが、国内の各教導飛行隊で訓練を重ねた後に、中隊編成（概ね一二機編成）の特攻隊に編入されて、そして、遠くフィリピンまでの空輸の果てに、その前進基地から特攻出撃していった。これまで述べてきた富嶽隊、万朶隊、そして八紘各隊は全てこうであった。いずれの部隊もフィリピンが始めての戦場となっている。長距離の空輸も初体験である。そして特攻出撃が初陣であった人も多い。この人たちとって初陣が最後の出撃となった。

それでは、「空輸組」以外の特攻隊はどのように編成されたのであろうか。残りの一三一名（八〇機）は現地に展開していた実戦部隊の中から特攻隊を編成している。例えば、飛行第七十五戦隊という『九九双軽』を主体とした軽爆戦隊があった。この部隊は通常の反復攻撃でよく健闘したと言われているが、一九四四年（昭和一九）一一月に力尽き特攻隊へと編入されている。この部隊からは旭光隊、あるいは若葉隊と命名された一五名（一五機）が戦死している。本稿第三章で、『ニュース映画』に写された一人の特攻隊員を紹介した。機上の整備員らしき上官との最後の別れをカメラがじっくりと狙っていたシーンである。この人は若葉隊の一人と推測できる。

飛行第四十五戦隊は『二式複戦　屠龍』の戦闘部隊である。一九四四年（昭和一九）一二月頃には飛行機の消耗が激しく、補充がそれに追いついていない。そして、特攻編成となった。この戦隊は皇華隊と命名され五名の人たちが特攻戦死している。

飛行第七十四戦隊と飛行第九十五戦隊は『百式重爆撃機　呑龍』を主体とした爆撃戦隊である。『百式重爆　呑龍』は図体が大きく鈍足であった。現場の評判はよくなかったようだ。前世代の重爆撃は『九七式重爆撃機』といい、それ以後はすでに述べた『四式重爆　飛龍』である。ともに評判がいい。『百式重爆　呑龍』はその中間の世代に位置する重爆だ。その評判の余りよくない『百式重爆　呑龍』一一機が特攻出撃した。菊水隊と命名されている。命名は美しいが大型鈍足の飛行機による特攻部隊であった。撃墜されに行くようなものである。

『百式重爆撃機 呑龍』

この一機に四七名が搭乗している。一機につき四名もしくは五名が搭乗した勘定になる。飛行機の数と搭乗者数が合わない。どうやら空中勤務者でない整備員までが「われもわれも」と搭乗したらしい。四七名のうち、陸士、あるいは少飛など、その出身が明確な人は二一名となっている。いずれも空中勤務者である。残り二六名の人たちの出身は『特攻データベース』（筆者）では「不明」となっている。おそらく通信員や整備員であった人たちの可能性が高い。特攻出撃する必要のない人たちが多数搭乗している。そのようにしなければならない強迫観念のようなものがこの時期の特攻にはあったようだ。フィリピンにおける陸軍航空特攻の悲劇である。

いまひとつ気になる部隊がある。飛行第二百八戦隊である。軽爆撃機を主体とした爆撃部隊である。この部隊が民間で使用されていた『DC3』四機を接収徴用して、空挺隊を輸送し強行着陸の切り込み特攻をしている（一九四四年〈昭和一九〉一一月二六日）。その飛行第二百八戦隊と空挺隊を総称して薫空挺隊という。空挺隊を空輸した飛行第二百八戦隊の空中勤務者八名の戦死者名は今日に伝わっている。しかし、切り込み部隊である空挺隊の人たちの戦死状況は隊長の中重男（中尉）以外は今日に伝わっていない。多くの資料は、この部隊は「台湾高砂族」で編成されていたとだけ伝えている。そしてこの「高砂族」は「勇猛果敢」であったとしている。そんな中で、『特別攻撃隊全史』（財団法人 特攻隊戦没者慰霊平和祈念協会編集発行 二〇〇八年）がその消息を伝えている。それによると、全部隊六〇名のうち日本人は一二名で全員が将校もしくは下士官兵、残り四八名（注）全員の階級は上等兵で「台湾」出身と明記されている。さらに、この人たちの名は全て日本人名の表記となっている。

四機の輸送機による薫空挺隊がどのような最後であったのか、その詳細は今日に伝わっていないという。防衛庁防衛研修所戦史室『戦史叢書 捷号陸軍 レイテ』（朝雲新聞社 昭和四五年）では、薫空挺隊を「義号（薫空挺隊）決行」と題してつぎのように記している。

二十六日、同中隊の中重男中尉以下約三〇名（うち約二〇名は臺灣高砂兵）が、飛行第二百八戦隊のDC－四機（桐村浩三中尉以下七名）に搭乗、同夜、レイテに胴体着陸斬り込みを決行した。第三十五軍司令部は同夜火柱（対空射撃弾幕）が山系東方で天に冲する状況を望見した。

さらに、その結果を次のように脚注している。

注　米側は、「四機飛来して三機がドラッグ海岸に着地し、一機を撃墜した」としている。米側が撃墜したと信じた一機はバレンバンに着地し、その人員は第二十六師団に転属された。

何を言っているのか筆者には要領を得ない。突入に成功したかのような印象を与えながら、それではその戦果はどうであったのか、この人たちの消息はどうなったかを何も記していない。

ここで余談、薫空挺隊で使われた『DC』に触れておきたい。アメリカ製の『ダグラスDC3輸送機』である。当時の日本の航空技術は完全に国産化されていた。その性能も連合国軍機と比して決して遜色はなかった。戦闘機群はアメリカ軍機に比して総合的にはやや劣勢ではあったが、決して見劣りするものではなかった。むしろ優っていた部分も結構多くあった。偵察機や水上機ではアメリカ軍機を遙かに凌駕していた。そんな日本航空技術にも幾つかのアキレス腱があった。そのひとつが輸送機の欠如である。輸送機開発はアメリカに著《いちじる》しく劣っていた。爆撃機の転用や設計変更でなんとか凌いでいたのが現状である。これでは性能も中途半端である。輸送機という周辺機種まで手が回らなかったのである。反面、アメリカには何かと余裕があった。『ダグラスDC3』は輸送機の傑作と言われている。日本軍はこの『ダグラスDC3』を国産化した。エンジンの艤装転換と垂直尾翼の設計変更をして『零式輸送機』とした。薫空挺隊特攻には、国産化した『零式輸送機』が空

『零式輸送機』

輸に使われたとするものもある。

ところで、徴用されたのは民間航空である南方航空の所有機であったらしい。ということは、この時の飛行機は国産化された『零式輸送機』ではなく、アメリカ製の『ダグラスDC3』そのものではなかったかと推測できる。日本に同型機があったので『零式輸送機』とされたのであろう。アメリカ製の輸送機を使って、また、台湾の原住民族を部隊の中心として、薫空挺隊は大空のかなたに消えて逝った。


閑話休題、話を戻す。フィリピンでの陸軍航空特攻は、このように内地で特攻隊を編成しフィリピンまで空輸した部隊と現地の飛行戦隊から特攻隊を編成して出撃した部隊の二つがある。因みに、同時期に海軍神風特攻もフィリピンの多くの基地から出撃しているが、全部が現地の実戦部隊から特攻隊を抽出し編成している。それでは、陸軍航空特攻は何故本土からの空輸という面倒なことをしたのか。

ここからは筆者の推測であるが、万朶隊、富嶽隊、八紘各隊の編成は、陸軍航空特攻の儀式であったと感じている。どのように考えても、現地の実戦部隊から特攻を編成する方が合理的であり理にかなっている。海軍神風特攻はそのようにしている。すでに実戦を経験し、何よりも現場の事情や地理に詳しい人たちを選ぶ方が合理的である。内地からの空輸組には初陣である人が多かった。しかも長距離の空輸も初体験である。そして現地の地理が全く分からない。かなり効率が悪い。そんな無理をしてまでも内地から空輸したのは、現地部隊への鼓舞ではなかったか。陸軍中枢の決意を示すためではなかったのかと推測される。空輸組の編成内容がそのことを髣髴とさせる。万朶隊長は岩本益臣である。跳飛爆撃のベテランである。富嶽隊長は西尾常三郎である。重爆撃隊の重鎮である。実戦経験も豊富だ。そんな人を惜しげもなく特攻に指名したのは特攻の成功を祈ったというよりも、内外への激励と鼓舞にその目的があったように思われる。すなわち士官による「率先垂範」の儀式である。そんな陸軍中枢の意気込み、すなわち儀式としての特攻と、現実に特攻命令された人たちとの間に気持ちのズレが生まれたとしても、それは当然の成り行きであろう。

　八紘各隊の編成も興味深い。すでに述べたように、八紘第六隊石腸隊は一人を除き全員が陸士卒業の士官である。唯一の准士官もベテランの空中勤務者である。この部隊だけではない。八紘第一隊八紘隊も陸士、特操（学徒兵）、幹部候補生など出身は様々であるが全員が士官である。この部隊はその名が示すように、八紘隊の嚆矢《こうし》である。それなりの格好付けが必要であったのかもしれない。八紘第二隊一宇隊も全員が士官である。八紘第七隊丹心隊、八紘第九隊一誠隊も全員が士官である。全一一隊のうち五隊が主として士官で構成されている。八紘各隊の全戦死者は一二〇名、そのうち八二名を少尉以上の士官が占めている。士官占有率は六八％となる。さらに興味を引くのはこれら八紘隊の士官の中で陸士出身者は本章の石腸隊長高石邦雄大尉（陸士五四期卒業）以外は全員が五六期（二〇名）卒業か五七期（二九名）卒業であり、わけても五七期卒業に集中していることである。因みに本章に紹介した吉武登志夫も五七期卒業である。陸士出身士官による率先垂範という儀式がこのようにさせているのであろう。士官であることと飛行技術とは全く別問題である。少年飛行兵のような生粋の空中勤務者の方が技術的には上手である。飛行技術と部隊編成から見た場合、士官ばかりの特攻編成は効果的とは思われない。士官、准士官、下士官などの組み合わせのほうが強くなると言われている。日本本土からの空輸組特攻隊に士官の比率が高いのは、特攻の効果を図ったというよりは、儀式のための「整い」と外観上の「装い」であるような気がしてならない。儀式には当然に形式的な「整い」と「装い」は必須である。これがフィリピンにおける陸軍航空特攻の本質であったように思われる。

フィリピンで、その儀式に供せられたこれらの部隊（空輸組）の状況を記しておきたい。

万朶隊　一九四四年一一月五日から一二月二〇日　戦死一二名
富嶽隊　一九四四年一一月七日から一九四五年一月一二日　戦死一八名
第一隊八紘隊　一九四四年一一月二七日から一二月一二日　戦死者一二名
第二隊一宇隊　一九四四年一二月五日から一二月一三日　戦死者六名
第三隊靖国隊　一九四四年一一月二四日から一二月二六日　戦死者一〇名
第四隊護国隊　一九四四年一二月七日から一九四五年一月一〇日　戦死者八名
第五隊鉄心隊　一九四四年一二月五日から一九四五年一月六日　戦死者一一名
第六隊石腸隊　一九四四年一二月五日から一九四五年一月八日　戦死者一七名
第七隊丹心隊　一九四四年一二月一〇日から一二月一七日　戦死者九名

第八隊勤皇隊　一九四四年一二月七日から一二月一〇日　戦死者一三名
第九隊一誠隊　一九四四年一二月二一日から一九四五年一月九日　戦死者一一名
第十隊殉義隊　一九四四年一二月二一日から一九四五年一月七日　戦死者九名
第十一隊皇魂隊　一九四五年一月六日から一月一〇日　戦死者五名
第十二隊進襲隊　一九四四年一二月三〇日から一九四五年一月八日　戦死者九名

しかしながら、これで儀式が終わった訳ではない。一九四五年（昭和二〇）三月から沖縄戦での特攻が始まるが、陸軍航空特攻はここでも振武隊、誠隊と冠する部隊名を命名し、それに通し番号をつけた特攻専用部隊を編成している。いずれも一二機の中隊編成である。関東の後方錬成基地で編成され九州の知覧や万世に空輸し、そこから出撃している。この人たちの殆どは特攻が初陣となった。陸軍航空特攻とはその効果を最大限に計算して創設された作戦というよりは、戦争の格好付けをした儀式であったような気がしてならない。その儀式に多くの若い命が供せられた。

第七章——ミッドウェー海戦と特攻

少し余談となるが、本章でミッドウェー海戦に触れておきたい。本稿はフィリピンでの陸軍航空特攻を記すものであり、多少煩《わずら》わしくはあるが、日本海軍のミッドウェー海戦に話を変えさせていただきたい。その理由は、ミッドウェー海戦はその後の日本軍航空特攻を考えるうえで示唆的であることによる。そこで、時期をフィリピンでの陸軍航空特攻より二年半前の一九四二年（昭和一七）六月五日に移す。

北太平洋のほぼ中央部にハワイ諸島があるが、ミッドウェー島はそのハワイ諸島の北西に位置する環礁の島である。面積はわずか六・二平方キロメートルの小さな島であるが、その太平洋上の位置から米軍にとってはハワイ諸島と同様に重要な軍事拠点であった。

一九四一年（昭和一六）一二月の開戦以来、日本海軍は一九四二年（昭和一七）四月に英海軍航空母艦『ハーミス』、五月には米海軍航空母艦『レキシントン』を沈めている。しかし、太平洋上では『ヨークタウン』などの米海軍の精鋭航空母艦群が健在であった。ミッドウェー作戦の目的は、日本海軍の大艦隊をミッドウェー島海域に派遣し、そこに米海軍の機動部隊を誘《おび》き寄せ、健在の航空母艦群に壊滅的打撃を与えたうえでミッドウェー島を攻略し、そして太平洋上の決着を一気につけようとするものであった。連合艦隊司令長官山本五十六の発案であるが、作戦の大胆さゆえ発案当初から日本海軍内では反対意見が多かったと聞く。しかし、山本五十六の脅迫とも言える主張と、一九四二年（昭和一七）四月のドゥーリトル爆撃隊（米海軍航空母艦『ホーネット』と『エンタープライズ』から発進）東京初空襲などの戦局から作戦の発動が決定されたようだ。

日本海軍の編成であるが、主力部隊は戦艦三隻と航空母艦を中心とした一九隻の艦船と航空機一五機、警戒部隊は戦艦四隻を中心とした一八隻の艦船、攻略部隊は戦艦二隻を中心とした一六隻の艦船、攻略部隊支援隊は巡洋艦を中心とした六隻の艦船、攻略部隊援護隊は輸送船一五隻を中心とした五八隻の艦船、第一機動部隊は航空母艦四隻を中心として戦艦二隻を含む二一隻の艦船と艦載機二八八機となっている。この第一機動部隊が作戦の主力となっている。各種艦船一三八隻、艦載機三〇三機からなる大部隊である。

これに対して迎え撃つ米軍の編成であるが、第一七任務隊は空母一隻を中心とした一三隻の艦船と艦載機七一機、第一六任務隊は航空母艦二隻を中心とした一七隻の艦船と艦載機一五八機、そしてミッドウェー島の地上基地航空機一一一機である。合計は各種艦船が三〇隻、航空機は三四〇機となっている。

海戦の結果であるが、日本海軍は航空母艦四隻と巡洋艦一隻が沈没、巡洋艦一隻が大破、駆逐艦一隻が中破、航空機は二八五機の喪失となっている。米軍は航空母艦一隻と駆逐艦一隻の沈没と航空機一三〇機の喪失である。数字的に見ても日本海軍の圧倒的な陣容、米軍の寡弱な戦力にもかかわらず、その結果は日本海軍の大敗北、米海軍の圧勝で終わっている。

ミッドウェー海戦はアジア太平洋戦争での日米両軍の雌雄を決する戦いとなった。日本陸海軍による航空特攻を語るためにも、まず、この海戦での米海軍の「特攻」について筆者なりの考えを本章では記しておきたい。

日本海軍機動部隊（航空母艦）の戦力などから、日本海軍には十分な勝算があったと言われている。むしろ、戦う前から日本海軍の圧倒的な勝利が予想されていたという説もある。しかし、結果は全くその逆さまとなった。わずか数時間の海戦で日本海軍の虎の子の航空母艦三隻（『加賀』『赤城』『蒼龍』）が瞬時に沈没している。そして、帰る航空母艦を失った歴戦の海軍搭乗員が海の藻屑と消えていった。残った航空母艦一隻（『飛龍』）もその後の戦闘で沈没している。合計四隻の正規航空母艦が一挙に消えていった。米海軍でさえ予想もしなかった日本海軍の壊滅的敗戦である（米海軍は航空母艦『ヨークタウン』が沈没）。この敗北が契機となって日本陸海軍は坂を転げ落ちる雪のように敗北の塊を膨らますことになる。

ミッドウェー海戦の経過を簡単に記しておく。この作戦の第一の目的は、日本海軍機動部隊がミッドウェー島を攻撃することにより、米海軍機動部隊（航空母艦を中心とした艦隊）を誘《おび》き寄せ、これを壊滅することであったことはすでに述べた。しかし、作戦発動後も日本軍は米海軍機動部隊の動向を把握できていない。逆に、後に記すように米海軍による日本海軍の暗号解読により、日本海軍機動部隊の行動は米海軍に完全に把握されていた。そのような状況のなかで一九四二年（昭和一七）六月五日（現地時間は六月四日）ミッドウェー島の地上基地爆撃を目的とした第一次攻撃が下令された。

通史によるとミッドウェー島への第一次攻撃により誘き出されると予測した米機動部隊との決戦に備えて第二次攻撃が予令されていた。艦船攻撃を目的として攻撃機には魚雷、爆撃機には徹甲爆弾（艦船攻撃用爆弾）兵装で第二次攻撃に備え発進準備中であったと言われている。しかし、第一次攻撃のミッドウェー島への陸上攻撃が十分でなかったこと、そして、この時点でまだ米海軍航空母艦を発見できていないことから、第二次攻撃をミッドウェー島への再度の陸上爆撃に変更、艦船攻撃の魚雷や徹甲爆弾から地上攻撃用爆弾に兵装転換をした。

この時の日本海軍の司令部は、ミッドウェー海域には米海軍機動部隊は存在しないという思い込みの「催眠状態」に陥っていたと今日では言われている。その兵装転換も終わり、いよいよミッドウェー島への第二次攻撃発進という直前に「利根四番機」（重巡洋艦『利根』から発進した『零式水上偵察機』）から米海軍機動部隊発見の電信が入った。これが運命の分かれ道となったと通史では言われている。陸上攻撃から急遽、元の艦船攻撃の魚雷と徹甲爆弾への再度の付け替えが行われた。すなわち有名な「兵装転換」である。

この大混乱の兵装転換も終わり、いよいよ発進という直前に米海軍爆撃中隊の急降下攻撃を受けることになる。日本海軍の航空母艦甲板には魚雷や徹甲爆弾、さらに燃料満載の攻撃機や爆撃機が所狭くひしめいている。地上攻撃用爆弾も収納されないままに飛行甲板や格納庫に散乱していたという。その中での九発の命中弾である。日本海軍航空母艦『加賀』『赤城』『蒼龍』の三隻が一挙に沈没した。奮戦した『飛龍』もその後の米海軍航空母艦『ヨークタウン』との刺し違えで沈没することになる。米海軍機動部隊を壊滅（航空母艦『ヨークタウン』は沈没）させるはずが、日本海軍機動部隊の壊滅（航空母艦『加賀』『赤城』『蒼龍』『飛龍』沈没）となった。この四隻の航空母艦は日本海軍の虎の子である。以後の海上作戦に支障を来たすことになる。索敵の「利根四番機」がもう少し早く米海軍機動部隊を発見しておれば大敗北はなかったとする恨み節にも似た解説が今も残る。

ミッドウェー海戦の壊滅的敗北の原因は今日でも研究の対象となっている。このことは後述するが、筆者は多くの背景や原因のひとつとして、米海軍パイロットのひたむきな、そして捨て身の勇敢さがあったことを強調しておきたい。そして、この米海軍パイロットの捨て身の作戦は、米海軍による「特攻」そのものであったと考えている。日本陸海軍特攻隊員の勇敢さは敵国側の元軍人やジャーナリストが認めている。しかし、勇敢であったのは日本軍特攻隊員だけではない。米海軍パイロットも勇敢であった。ミッドウェー海戦では彼等の決死の勇敢さが巨大な日本海軍機動部隊の壊滅的敗北、すなわち米海軍の圧倒的勝利を導き出したと筆者は考えている。

一九四二年（昭和一七）六月五日のミッドウェー海戦の当日、この日は早朝から幾つかの小競り合いがあった。そして、現地時間（六月四日）の午前四時三〇分の日本海軍によるミッドウェー島への第一次攻撃出撃で海戦の火蓋が切られたことはすでに述べた。米海軍の本格的な反攻は午前六時過ぎの航空母艦『ホーネット』から発進した第八雷撃中隊の『ダグラスTBDデバステーター雷撃機』一五機の攻撃から始まる。この『TBDデバステーター雷撃機』は、すでにその時点ではかなりの旧式機となっていた。この旧式『デバステーター雷撃機』の第八雷撃中隊は低空で日本艦隊を攻撃した。しかし、艦隊直掩の『零戦』で全機撃墜されている。全滅である。その後第三雷撃中隊の一二機、第六雷撃中隊の一四機の『TBDデバステーター雷撃機』がつぎつぎに日本艦隊を低空から攻撃したが、発射した魚雷は一本も命中していない。命中率はゼロである。

この時点での米海軍にとって戦力差はあまりにも不利であった。三隊の雷撃中隊四一機のうち帰還できたのはわずかに六機である。これらの雷撃中隊の失敗は米海軍パイロットの稚拙、攻撃の無統制、飛行機や魚雷性能の劣悪などが原因であると今日では言われている。確かにそうかもしれない。しかし、それとは裏腹に米海軍パイロットは勇敢であった。これら米海軍の雷撃中隊の攻撃は、敗戦直前の日本軍航空特攻の裏返しであると筆者は考える。いわば米海軍による航空特攻である。とくに第八雷撃中隊は当初から勝算はなかった。いわば囮《おとり》の攻撃であった。この囮を見事にやってのけたのが第八雷撃中隊であると澤地久枝『滄海よ眠れ 一二』（毎日新聞社 一九八四年 以下『滄海よ』澤地）は暗示する。

日本海軍機動部隊に低空で襲いかかり、囮となって全滅した『ＴＢＤデバステーター雷撃機』の第八雷撃中隊隊長ジョン・チャールズ・ウォルドロン（少佐）は妻宛に手紙を書いている。『滄海よ』（澤地）から引用させていただく。

「君に知らせるニュースはなにもない。君と子どもたちの写真をいつももっている。そしていつも君たちのことを思っている。

もうすぐ出撃するはずだ。今日がすでに出撃して帰ってきたところだったらいいのだけどね。

重大な任務の前夜である今夜、ぼくは元気でいることをぜひとも君に知らせておきたい。ぼくは士気旺盛だ。そして、雷撃機中隊の士気もさかんであるように思える。

ぼくが無事に帰ってこられると信じておいで。

もし帰らないことがあっても、君や娘たちはきっと、わが中隊が海戦で素晴しい戦果をあげたことを知ることになるだろう。敵艦撃沈という戦果をね。

この手紙を読んで、君がこわがらないようにと願っている。ぼくは君や子どもたちを心から愛している。できればいっしょにいたい。しかし、いまはそうはできない。

いま、ぼくがいるべき場所はこの戦場であり、ここ以外の場所では、幸福を感じるわけにはゆかないだろう。君は、ぼくの幸運を祈ってくれるね。ぼくに運があることをぼくも信じている。

いいかい、アドレード。雷撃機の攻撃というのは、こっちにもかならず破滅（ブレイク）があるものだ。ぼくには経験があるし、ブレイクが近づけば、スー族の血が入っているぼくだ。きっと感じるに違いない。

そして、そのブレイクは、確実にやってきている。こういう手紙を検閲する人間に読まれたくない。しかし、いまのぼくのこの感じは、どうしても記録しておきたい。

神の加護がありますように。

君は素晴しい妻であり、母親だ。ぼくのかわりに娘たちにキスしてやってほしい。

元気にして、そしていつもぼくのことを思っていておくれ。

愛をこめて。ダディー・アンド・ジョニー

（澤地久枝『滄海よ眠れ　二』（毎日新聞社　一九八四年）

早く任務を終えて妻のもとに戻りたいという思いに溢れている。しかし、同時にこの思いは、自分は確実に死ぬであろうという覚悟に変わっていく。ブレイク、すなわち破滅は必ずやってくる。ジョン・チャールズ・ウォルドロンは自分の死を予見している。優しく語りかけるような、それでいて決然とした内容である。手紙は「遺書」となっている。この「遺書」は日本軍特攻隊員が残した多くの遺書と変わるところがない。家族への限りない愛、そして任務への責任感、さらにその時代での自らの生き方が語られている。

　このウォルドロンの最期の状況は、虚しく海中に没した日本軍特攻隊員と何ら変わりはない。この人は囮という「特攻」の役割を見事に果たしたことになる。これらの雷撃中隊はつぎの本格的な反攻の伏線となっている。すなわち、低空で襲いかかってきた三隊の旧式『TBDデバステーター雷撃機』の雷撃中隊は、艦隊上空を直掩する日本海軍最新鋭の『零戦』を、磁石に引き寄せるかのように海面すれすれに誘き出す結果となった。このことが日本海軍機動部隊の大敗北の引き金となる。この時点で日本海軍機動部隊の上空は空っぽとなった。とくに第八雷撃中隊がこの日本海軍機動部隊の上空を空っぽにする重要な役割を果たしている。第八雷撃中隊は捨て身の覚悟でこの囮の任務を見事にやり遂げている。この雷撃中隊の任務は日本海軍機動部隊に魚雷を命中させることではなく、やっかいな『零戦』を海面に誘き出すことであった。そのことは魚雷の二本や三本を命中させることよりももっと大きな結果をもたらすことになった。空っぽになった日本海軍機動部隊の上空から、第二波攻撃の米海軍爆撃中隊二隊が何の支障もなく急降下で襲いかかって来たのである。投弾された爆弾は日本海軍の虎の子の航空母艦群につぎつぎと吸い込まれるように命中していく。その飛行甲板は「兵装転換」大わらわの最中であった。燃料を満載し雷装爆装した日本海軍機がところ狭しと発艦合図を待っていた直前である。この瞬間に日本海軍機動部隊の運命は万事休すとなった。正に青天の霹靂《へきれき》である。悪夢の一瞬であった。

『滄海よ』（澤地）はこの「悪夢の一瞬」をつぎのように記している。

零戦がつぎつぎに来襲する米雷撃機を追いまわして戦果をあげ、航空母艦は魚雷をさけるべく転舵を継続していたとき、上空から爆撃機がいっせいに急降下してきた。『エンタープライズ』と『ヨークタウン』の爆撃中隊の攻撃である。雲が遮断幕の役割をはたしていた。『赤城』『加賀』『蒼龍』が沈没にいたる致命傷は、この爆撃による。日本にとっては不運な、アメリカにとっては信じられないほどの幸運なタイミングと状況をつくりだしたのは、第八雷撃機中隊を筆頭とする、各航空母艦雷撃機の犠牲であったといわれる。

この第八雷撃中隊以外にも、ミッドウェー海戦での米軍パイロットの勇敢さは、敵であった日本海軍の何人かが認めている。甲斐克彦『淵田美津雄』（光人社　一九九六年）はつぎのように記す。

たとえば早朝、初めて米海軍の飛行機が南雲（南雲忠一中将　第一航空艦隊司令長官――引用者注）艦隊の上空に姿を表した。これらはミッドウェーの陸上基地から飛来したものだが、古い玩具箱からかき集めたような雑多な機種で、ほとんど南雲艦隊に被害をあたえることなく、零戦や艦上からの砲火に、まるでクレー競技の標的のようにつぎつぎに撃ち落とされていった。それは、じつにあっけない光景だったが、にもかかわらず米海軍飛行士は疑いもなく勇敢であり健気だった。彼らは旧型の飛行機を駆って酷い対空砲火の中に、怯まずに突っ込んできた。だが、彼らの爆・雷撃の技術は十分ではなく、さらに支援戦闘機をもたぬ裸の攻撃だった。

一機のB26（『マーチンB26爆撃機』—引用者注）が「赤城」の艦橋をかすめて「飛龍」の方へ飛んでいった。そして海に墜ちた。甲板で大きな歓声が起こった。淵田自身も同じ思いだった。だが、第二次攻撃隊の指揮官として待機していた村田重治は、この騒ぎに参加しようとはしなかった。日ごろユーモアを絶やさずに、機智に富んだジョークを忘れぬ男が、このときは勇敢な敵の死を見つめて、無言で立っていた。

当時日本海軍機動部隊の参謀長であった草鹿龍之介（当時少将）は、敗戦の四年のちに雑誌『文藝春秋』（一九四九年一〇月号）でつぎのように記している（文藝春秋編『完本・太平洋戦争』一九九一年に復刻）。

ここに一つ私は敵ながら天晴れの一機を想起するのである。読者諸君は神風特攻又は体当たりは、我日本の専売特許と思うかも知らぬが、左に非ず。午前五時半と記憶するが、翼下に魚雷を抱いた米陸上機一機、旗艦赤城の艦橋目掛けて驀進、転舵回避しても執拗に突き込んで来る。全砲火を集中してもなんのそのと、勇敢果敢に驀進して来る。当時艦橋に居た南雲長官以下全員は、あわや其の体当たりの一撃に粉砕されるかと息を呑んだのである。天なる哉命なる哉、一瞬其の一翼はわずかに艦橋の外側を掠めて飛び去った。

飛び去ったと思う次の一瞬、吾が砲火により魚雷と共に空中に飛散し、あわれ桜花のそれの如く潔き最期を留めた。私は敵味方の区別もなく、只其の壮烈に暫し武人として深き黙禱の首を挙げ得なかったのである。戦闘激烈の真只中に廻り合った瞬間の出来事である。勿論人も知らなければ名も知らぬ。何時かは此の無名の勇士の最期を世に伝え度いと思って居たが、此の機会に特記する次第である。

村田重治の目撃した『B26』と草鹿龍之介が目撃した「米陸上機一機」は、状況から考えて同一機であった可能性が高い。この二人は米陸軍パイロットの勇敢さを称えている。

米海軍側によく似た証言がある。澤地久枝『記録 ミッドウェー海戦』(文藝春秋 一九八六年)はミッドウェー海戦生還者の証言(ユージン・カート伍長)を載せている。この日は『B26』四機が出撃しているが、証言によると、そのうちの一機が日本機動部隊に突入したとしている。その『B26』は被弾し火を吹いていたようだ。もはや生還は期しがたい状況であったという。日本海軍の航空母艦めがけて突入していったという。そして証言は「その突撃は意図的行為によるものである」と締めくくっている。さらに証言はその『B26』の機長の名は「ヘンダーソン少佐」であったと記している。これらのことから「ヘンダーソン少佐」搭乗の『B26』は明らかに体当りの意思があったと考えられる。

ところで、航空母艦『赤城』艦橋に居た源田實航空参謀（当時は中佐）は少し違っている。源田實（一九〇四年〜一九八九年）、海軍兵学校出身の戦闘機搭乗員である。昭和九年頃に源田の考案した三機編隊による背面宙返りは「源田サーカス」と呼ばれ、その操縦技術は日本海軍で屈指のものであったと言われている。一九四一年のハワイ真珠湾攻撃はじめ海軍の主要な航空戦に関わっている。また、終戦直前は第三四三航空隊司令として日本海軍航空隊の最後を飾った人である。戦後は航空自衛隊に入隊、退官後は参議院議員を四期務めている。源田實は自著『海軍航空隊始末記—戦闘編』（文藝春秋　一九六二年　以下『海軍航空隊』源田）でつぎのように記している。状況は前述の米海軍第三、第六、第八雷撃中隊の攻撃と思われる。

敵の雷撃隊は全部併せて六〇機乃至七〇機の大編隊であるが、低空のためか、極めてのろのろと艦隊の前程に廻りつつあった。

六時十五分頃には我が戦闘機隊の一部は既に敵を捕らえて攻撃を開始した。黒い小さな物体が、まるで蝿が落ちるように海の中に飛込むのが見える。

或ものは、躊躇逡巡している様だ。味方の戦闘機と対空砲火を回避しようとして攻撃を遷延しているのだ。此の期に及んで躊躇逡巡するとは何事か。

『海軍航空隊』（源田）は米海軍の第三、第六、第八雷撃中隊を「躊躇逡巡」する「蝿」と記している。ところで、『海軍航空隊』（源田）の言う「躊躇逡巡の蠅」である米海軍パイロットの果敢な攻撃で日本機動部隊は壊滅的打撃を受けることになる。そして、この果敢な攻撃は彼等の確実な死を前提としてなされている。

源田實は『海軍航空隊』(源田)でミッドウェー海戦敗北の反省をしている。これは理にかなった反省であり、敗北の原因は自分にもあることを率直に認めている。以下概略を引用する。

第一は、「ミッドウェー攻略作戦」の要否と時期の問題である。(略)ミッドウェー作戦の時期は適当でなかった。

第二は作戦の構想である。連合艦隊は二つの作戦目的を与えられていた。要地攻略と敵艦隊撃滅である。敵が弱兵でない限り、一つの部隊に二つの大きな目的を同時に与えることは失敗を招く因である。(略)これも集中の原則に反することである。

第三は機密の保持である。之は我方の防諜、暗号防衛、敵方に対する諜報、暗号解読等に根本的欠陥があった訳で、単に海軍だけのことでなく、国家全体として相当大きく抜けていた問題である。

第四は機動部隊の戦闘指揮に関するもので、私が直接関係する問題である。六月五日の黎明索敵は、主として水上偵察機を以ってする一段索敵であった。(略)一段索敵という手抜きをやったのである。

第五も同じく私に関するものである。（略）結局は攻撃を後回しにして、ミッドウェー攻撃隊を収容したのであるが、やはりこれは攻撃隊発進を先にすべきであったと思う。（略）矢張り平生から「右にするか左にするか」判断に迷うような問題を捉えて、自分としての判断基準を定めて置く必要がある。例えば、山口中将の「何時でも困難なる道を選ぶ」とか、或いは英国海軍の伝統たる「見敵必戦」等のものである。

この分析は、正鵠《せいこく》を射《い》ている。今日の多くの論では、ミッドウェー海戦敗北の一番大きな原因は、源田實の言う作戦の二重性、すなわちミッドウェー島基地攻略なのか、それとも米海軍機動部隊の殲滅《せんめつ》なのかが曖昧であったところにあると言われている。戦力集中の欠如、すなわち戦力の分散である。

一方、防衛庁戦史室編『戦史叢書　ミッドウェー海戦』（朝雲新聞社　昭和四六年　以下『戦史叢書　ミッドウェー』）も敗北の原因を記しているが、それによると、敗北の大きな原因として「敗因の第一は情報戦の大敗である」としている。日本軍は米軍の暗号を全く解読できていなかった。反対に米軍は日本軍の暗号を解読していた。この暗号解読については今日でもミッドウェー海戦を語る場合の大切な要素となっている。だから、『戦史叢書　ミッドウェー海戦』は暗号が解読されていたことが敗北の第一原因としている。つぎに「原因の第二はわが方の心の緩みである」としている。今日的にもその当時の海軍内に蔓延していた傲慢さに敗北のひとつの原因を求める論も多い。『戦史叢書 ミッドウェー』は、あと幾つかの原因を記しているが、筆者にとって『戦史叢書 ミッドウェー』そのものに不明な箇所もあることから省略したい。

ところで、『戦史叢書 ミッドウェー』が第一の原因に挙げる暗号の解読は、実は主要な原因ではないというのが今日では一般である。そうではなく、作戦目的の二重性に第一の原因があったと多くの戦史家は指摘する。このことからも源田の論は後世の戦史家の分析とも一致する。因みに『海軍航空隊』(源田)は「昭和三七年」発行である。一方『戦史叢書 ミッドウェー』は「昭和四六年」の発行である。源田實の方が一〇年も早い発行である。『戦史叢書 ミッドウェー』編集の際には源田の「反省」は反映されていないようだ。

とにかく、源田の反省は正鵠を射ているといっていいだろう。源田の挙げる「第二」の兵力集中の件であるが、作戦目的が多岐に亘り、兵力が分散することは、それだけで危険な状態を自ら創りだすことになる。ミッドウェー海戦の敗因として、ミッドウェー島攻略なのか、それとも米海軍機動部隊との決戦であったのかが曖昧であった、むしろ、この相対立する二つの目的の同時進行に大きな敗北の原因があったと言われている。さらに日本海軍司令部は、米機動部隊はミッドウェー海域には存在しないという思い込みの「催眠状態」に陥っていたという説もある。これも集中力の欠如である。「第四」の索敵の件では、当日は巡洋艦搭載の水上偵察機による少数の単純な索敵であった。この索敵が結果として日本海軍機動部隊の咄嗟の判断を狂わせている。バックアップのとれた多重の索敵は当然であろう。米海軍は扇状の面による索敵で、相当以前から日本海軍機動部隊を発見し接触を続けていた。それに比べて、日本海軍の索敵はあまりにもお粗末であった。米海軍機動部隊を発見していない。米海軍機動部隊がその海域に存在するのかどうかさえも分かっていない。さらに、「第五」の錬成の件では、軍隊での日常の訓練は瞬時の決断力の鍛錬の場であるはずだ。あらゆる状況での判断が訓練されていたと誰もが考える。しかし、日本海軍はそうなっていない。『海軍航空隊』（源田）によれば、日本海軍はこれらの兵法の基本を全く踏んでいないことになる。『海軍航空隊』（源田）の「反省」は是とするが、その内容は、日本海軍には戦をする科学的な基本が端から欠落していたことをいみじくも証明したようなものである。一体に日本海軍とはどんな組織であったのか。もちろん戦争をする組織である。しかし、『海軍航空隊』（源田）の一文を採ってみても、日本海軍は戦争のできる組織ではなかったのではないかと疑いたくなる。ところで、『海軍航空隊』（源田）は、澤地久枝が見落とすことのなかった米海軍パイロットの「勇敢」を記していない。それどころか、源田實は彼らを「躊躇逡巡する蝿」としている。しかし、彼らは決して「蝿」などではなかった。もし「蝿」なら、あの巨大な日本海軍機動部隊を壊滅できるはずがない。

話が前後して恐縮であるが、『海軍航空隊』（源田）の「索敵」のことで触れておきたいことがある。米海軍は扇状のきめ細かな索敵で日本海軍機動部隊をかなり以前から捕捉していたことはすでに述べた。しかし、日本海軍は攻撃目的である米海軍機動部隊（航空母艦群）

を捕捉していない。索敵では完全に米海軍に先を越されている。米機動部隊がどこに居るのか、米機動部隊そのものがその海域に居るのかどうか、それさえも把握できていない。戦略面では暗号の解読があり、戦術面では偵察と索敵に完全に失敗している。二つの情報戦で日本海軍はすでに敗北している。そのひとつに挙げられるのが「利根四号機」である。重巡洋艦『利根』のカタパルトから『零式水上偵察機』の「四号機」が索敵に飛び立ったが、その発進が遅れ、そのことが米機動部隊発見の遅れに繋がっている。戦後、このことがミッドウェー海戦の敗北の要因であるかのように言われているが、『戦史叢書 ミッドウェー』は、そのようには言っていない。

この利根四号機が敵艦隊を発見したのであるが、発艦の遅れ三〇分がそのまま敵艦隊発見の遅れとなり、爾後の作戦に大きな影響、いな本作戦の失敗に繋がったと戦後問題にするものが多いが、この意見には同意できない。詳細は後述する。

しかしながら、そう言いつつ同著は「利根四号機」の状況を小さく参考意見としながら次のように指摘する。その件《くだり》を引用する。

〔参考〕
利根四号機は、その報告の内容や順序などからみて、敵部隊を北西又は北方かなり近距離に発見したものと思われる。同機が報じた現場の天候などの資料がなく、その状況は不明であるのでかるがるしく批判はできないが、敵艦種の確認や航空母艦発見まで時間がかかりすぎているようである。同機の偵察戦務の不十分か偵察行動に積極性を欠いたのではなかろうか。

『戦史叢書 ミッドウェー』は「かるがるしく批判はできない」と断りを入れながら、小さな記事ではあるが相当に辛辣な見解を記している。さらに別の項で「利根四号機」は「戦務はきわめて不良であった」としている。ミッドウェー海戦敗北の原因を「利根四号機」にあるとは言っていない。しかし、その「不良」の記載は散見される。そもそも日本海軍の索敵体制が貧弱であった。そんな中で米機動部隊を発見した「利根四号機」は有能であったとする向きもある。むしろ「利根四号機」は働きすぎたのではないかとする説である。だから「不良」で米海軍機動部隊を発見していなかった方がよかったのかもしれない。しかし、「利根四号機」の搭乗員たちは有能であった、寡弱な索敵体制の中で米海軍機動部隊を発見したことは殊勲ものである。しかし、そのことが仇《あだ》となった。歴史の皮肉である。『滄海よ』（澤地）は、当時の司令部が「利根四号機」を「不良」扱いすることにより、司令部が自ら招いた作戦ミスと統帥ミスを隠蔽したと指弾する。また、今日の『文藝春秋』（二〇〇七年一一月）の特集記事は「ところが、当時も戦後もこの『利根』の索敵機が責められるんですよ。報告がモタモタしていた、というのですが、とんでもない。期待以上に任務を果たしていたのに」（秦郁彦談）と「利根四号機」を弁護する。ところで『戦史叢書 ミッドウェー』は「利根四号機」の機長は下士官であったと小さく記している。ということは、「戦務不十分で不良な下士官」に、航空母艦『赤城』艦上の綺羅星の如き「有能」な司令官たちが「翻弄」されたことになる。「利根四号機」はひとつの情報を報告したにすぎない、それを総合的にどのように判断するかは司令官たちの仕事であるはずだ。『戦史叢書 ミッドウェー』からは、その総合的な判断が見えてこない。今もって『戦史叢書 ミッドウェー』で「不良」同様に扱われている「利根四号機」の無念は察するに余りある。『海軍航空隊』（源田）は、ミッドウェー海戦の壊滅的敗因のひとつに索敵体制の寡弱そのものに理由があったことを挙げている。そのことは間接的ながらも「利根四号機」の汚名返上となっていることに一分の救いがある。

「利根四号機」のその後であるが、搭乗員たちはミッドウェー海戦後の作戦で戦死したようだ。このことについて、澤地久枝『記録 ミッドウェー海戦』（文藝春秋 一九八六年）は微《かす》かな消息を伝えている。同著はミッドウェー海戦で戦死した日本海軍兵士の遺族の証言を多く載せているが、その証言の中に「甘利洋司」（一等飛行兵曹）の名がある。それによると「甘利洋司」は「利根四号機」に搭乗していたという。そして、沖縄戦で戦死したと証言は綴っている。念のため「特攻データベース」（筆者）で検索したが、特攻戦死としてこの人の名は残されていない。通常の偵察行での戦死であろう。「利根四号機」は『零式水上偵察機』である。三座機で前席は操縦員、中席は偵察員、後席は通信員が搭乗する。海軍ではこれらを「ペア」と呼んでいた。「甘利洋司」が沖縄で戦死したということは、残りのペアも一緒だった可能性もある。遠い昔の話である。「利根四号機」に誰が搭乗したかはどうでもいいことかもしれない。しかし、未だに汚名の屈辱の中にある「利根四号機」の搭乗員が気になる。戦史では単なる「利根四号機」であるが、名前が分かることでその人の息遣いが伝わってくるような気がする。冥福をこころから祈りたい。

ミッドウェー海戦は戦う前から日本海軍の圧倒的勝利が予想されていた。米海軍は巨大な日本機動部隊を眼前にして為すところがなかった。一方、米海軍には日本海軍の動静が分かっていた。縷々《るる》述べている暗号の解読である。ところで、この暗号解読もその時点での米海軍にとっては、そのうち自分たちは壊滅するであろうことを予《あらかじ》め知り得た程度のことであったと『滄海よ』（澤地）は記す。このことについて、米海軍の興味ある証拠がある。C・W・ニミッツ／E・B・ポッター共著　実松譲／冨永謙吾共訳『ニミッツの太平洋海戦史』（恒文社　一九九二年）の証言である。チェスター・W・ニミッツ（大将）はミッドウェー海戦当時は米海軍の太平洋艦隊司令長官である。だから当事者の証言であることから信憑性は高い。日本海軍から得た暗号情報の解読は完全であり、このことが米海軍を勝利に導いたとしながら、このように敵情を知っていたことが米国の勝利を可能にしたのであるが、日本の脅威に対処するにはあまりにも劣勢な米兵力の点から見れば、米国の指揮官にとって、それは不可避な惨事を事前に知ったようなものであった。（傍点―引用者）

ニミッツ長官も暗号解読が米軍にとっての主要な勝因ではなかったとしている。後世の多くの戦史家は、異なる作戦の同時進行とミッドウェー海域には米機動部隊は存在しないという「催眠状態」による日本海軍の「無策」が敗北の原因であると指摘している。米海軍は暗号解読におもねることなく、さらに、この巨大な敵を侮ることなく、恐れることなく、極めて冷静に、まじめに、そして何よりも健気としか言いようのない勇敢さで立ち向かっている。くどいようだが、米海軍の情報収集について興味ある記述がある。E・B・ポッター／南郷洋一郎訳『提督ニミッツ』（フジ出版社　一九七九年）である。その著によると、米軍は日本の暗号の全てを解読していたのではなく、その六割程度であったようだ。情報としてはこれで十分であったと言われている。ところで、驚くべきことに米海軍はその暗号電信をどこの誰が打電したかが分かっていたようだ。電信機の電鍵のたたき方で、その暗号通信は航空母艦『赤城』の「通信下士官」の一人が発信したものであることまで特定している。その通信下士官の「打電の仕方は荒っぽく、もっぱら〈足でけとばしているような打ち方をする〉と評」されていたようだ。ところで、その『赤城』からの通信が途絶え、つぎに軽巡洋艦『長良』の「通信班長」からの通信に代わった。この瞬間に米海軍は日本の航空母艦『赤城』に大きな損傷があり、旗艦が『赤城』から軽巡洋艦『長良』に移ったと確信している。「図星」とはこのことだ。この件《くだり》を読んでいくうちに筆者は思わず絶望的な溜息をついてしまった。米軍の暗号解読能力が「優秀」であったというよりは、日本海軍の情報管理が杜撰《ずさん》であったということだ。

第八雷撃中隊以外にもミッドウェー島の水上機パイロットたちの活躍も見逃せない。『コンソリデーテッドPBYカタリナ』機の地味な活躍が光っていると『滄海よ』（澤地）は言う。双発の飛行艇で輸送、哨戒、救難が主な任務である。この種の飛行艇では傑作機であるが戦闘能力はゼロに等しい。この『カタリナ』機部隊が巨大な日本海軍機動部隊に執拗に接触をし続ける。そして隙を見つけては小型爆弾を投下し続けた。たとえ小型の爆弾であっても、航空母艦にとって一弾でも当たれば一時的に飛行甲板が使用不可能となる。しかし、このような攻撃は『カタリナ』機にとっては自殺行為に等しい。『カタリナ』機からの投弾ごとに日本海軍の大型航空母艦群はそのつど転舵で爆撃回避を繰り返している。これらの米海軍による執拗な「特攻」の繰り返しと積み重ねが、日本海軍攻撃機の発進を遅らせる結果へと繋がっていく。

この遅れが日本海軍機動部隊の壊滅的大敗となった。米海軍の周到な計画と勇気が勝利を導き、日本海軍の作戦指導の稚拙そして驕《おご》りと傲慢《ごうまん》が敗北の決定的原因となった。しかし、日本海軍や日本陸軍はこの驕りと傲慢をミッドウェー海戦敗北後も反省をした気配はない。

それどころか、この壊滅的敗北を日本海軍は日本陸軍にさえ隠蔽したと言われている。この無反省と無自覚と無責任な官僚主義の延長線上に日本の敗北がある。そして、ミッドウェー海戦から二年半後に今度は日本軍による航空特攻が生まれた。

第八章――恩讐の彼方に（『B29』との戦い）

陸軍航空特攻に話を戻す。日本海軍と同様に日本陸軍もおよそ近代戦を戦える組織になっていない。科学を無視した精神主義の信仰にも似た確信に頼りながら戦《いくさ》の格好付けをしていたのではないかと言った方が適当ではないかと筆者は悲嘆している。そして、この帰結として航空特攻があった。陸軍では航空特攻を「と号攻撃」（もしくは陸軍特別攻撃隊）と称し、一、四五六名（陸海軍合計三、九六七名、データは『特攻データベース』筆者による）の未来ある人たちが、花も咲かず実もつけないままに、あるいはフィリピンに、南西諸島に、そして沖縄の海原に消えて逝った。痛恨の極みである。

陸軍航空特攻の初期においては、現場の空中勤務者と陸軍統帥との間に蹉跌が生じて特攻「忌避」に近い現象があったことも事実であると考える。このことはすでに述べた。しかし、一方では、この人たちは自分の意思に反して特攻出撃したのではない。その時代の使命を担いつつ、この国を救うのは自分たちをおいて他にないという禁欲的な自己犠牲のもとで、ある種の信念のもとで勇躍出撃していったのも事実である。むしろ、この人たちには戦局に対する現状認識があった。この戦局を打開するのは正に航空戦であり、それは「必死」の攻撃によってのみ可能であるという冷徹な認識があった。この人たちの残した日記や遺書を読むたびにそのように感じざるを得ない。

陸軍士官学校出身者の空中勤務者には、国家への限りない忠誠と使命感が横溢していた。学徒出陣の陸軍特別操縦見習士官出身者には、エリートとしての、その時代の自分たちの果たすべきことへの責任感のようなものが満ち溢れていた。禁欲的な修験道者に似た雰囲気さえ持っていた。若い少年飛行兵出身者や逓信省航空局乗員養成所出身者たちには、大空への限りない憧れがあり、大空こそが自分たちの死に場所であるという覚悟があった。陸軍現役兵から将校となる少尉候補生や幹部候補生出身者には、家族への限りない優しさがあった。その家族を守るため、そしてそのためにこの国を守らなければならないといった、限りない自己犠牲の心が息づいていた。

この人たちは使命感に武者ぶるいしながら、勇躍飛び立っていった。溌剌として元気一杯に、その短い人生を大急ぎで大空を駆け抜けて逝ったこの人たちの命が愛おしい。

陸軍航空特攻は三つに区分できると考える。その一つはフィリピンにおける航空特攻（一九四四年九月から翌年一月）である。このことは本稿の各章で述べてきた。二つ目は沖縄戦（一九四五年三月から六月）での航空特攻である。このことについては拙著『元気で命中に参ります』（元就出版社　二〇〇四年）を参考にしていただきたい。これらは艦船に対する体当り攻撃である。三つ目は本土や「満州」での空中特攻で、これは主として米軍の戦略爆撃機『ボーイングB29スーパーフォートレス』への体当り攻撃である。

そこで本章では、陸軍航空特攻の『B29』への空中特攻について記したい。本稿はフィリピンでの陸軍航空特攻を記すのであるが、前段においてその役目の一端はそれなりに終えたものと考える。そこで、残りの紙幅を空中特攻について少しばかり触れておきたい。終戦直前の『ボーイングB29スーパーフォートレス』（以下『B29』）への空中特攻を記す著は案外と少ない。それ故に、ここでは管見の限りを尽くしておきたい。

航空特攻の目標は連合国軍の艦船であった。陸軍は輸送船団、海軍は航空母艦や戦艦が目標であったと言われている。しかし、現実はかならずしもこの通りとはなっていない。フィリピンでの初期の特攻では、確かに航空母艦への体当りはあったが、その後の沖縄戦では、連合国軍の邀撃体制が整い、連合国軍機動部隊の中心部に到達できていない。故に、機動部隊の外側に陣取る小型の駆逐艦への体当りが行われている。そのように指向されたのではない。中心部への到達ができないことから、そうせざるを得なかった現実があった。その結果として駆逐艦への攻撃が多い。しかし、駆逐艦といえども米海軍の建造はしっかりしている。三機もしくは四機の体当りでさえ沈まないケースも多くあった。日本軍特攻隊の果敢で悲愴な体当りにもかかわらず、連合国軍艦船は悠々と浮かんでいた。このことがやるせない。

一九四五年（昭和二〇）に入ると、戦争は本土決戦が現実のものとなってきた。『B29』の空襲が日常的になってきた。しかも、『B29』の目標は軍需施設から都市爆撃へと広がっていった。大都市だけでなく中都市にも爆弾と焼夷弾が容赦なく降り注いだ。本土防衛を担っていた陸軍飛行隊の空中勤務者にとっては、この現実は耐えがたいことであったにちがいない。陸軍航空特攻がこの『B29』への体当りを指向していくのも、いわば自然の成り行きであった。

まず、『B29』への空中特攻について藤根井和夫編『歴史への招待 二二』（日本放送協会 一九八二年 以下『歴史への招待』）より引用させていただく。

（略）この戦闘を目撃した木村美智さん（東京都足立区）は、その時の模様を次のように語ってくれた。

木村　友軍機が向こうの『B29』に小っちゃい体でぶつかったということを、工員さんが三十人ぐらい見てたんですって。みんなが「いったぞ、いったぞ」と叫んでいると、そのうちにパッパッパパッと何か火をふいたと思ったら、くるくるくる回っちゃったんだそうです。家の人たちがみんなウアッーと叫んで、耳つかんで頭をふさいじゃったらしいですよ。頭が落ちたと同じみたいだったというもの。そうしているうちに、ここに落ちた音は、地震と同じだったですよ。ダブーンと水が波みたいになって。家のガラスもかけてしまって、川の濁水を浴びて何もかもみんな真っ黒でしたもの。この川

（墨田川）がダブンダブン、ダブダブとすごかったですよ。水が油で黒濁りに濁ってしまい、そして人間の肉やら何やらがパタパタと降って来たんです。そして今度はカモメが肉をくわえていくんです。そのさまはすごかったですよ。

木村さんの証言を補足するものとして、足立区千住緑町南部会の目撃記録がある。それによると、友軍機は地上百メートル、あわや町内に激突かと思った瞬間、機首を引き上げ、空中分解を起こしたと記されている。操縦者が脱出を計って、落下傘降下を行なえば火焔の機を民家に墜落させることになり、都民の死傷、火災の大事に至らすことになる。それを避けてくれたことに感謝する、と。

この操縦者は、飛行第五十三戦隊、渡辺泰男少尉であった。

この記述から、一つの推測をしてみたい。渡辺泰男の操縦する『二式複戦 屠龍』は『B29』に体当り攻撃をしたと考えられる。『B29』の巨体は相当な損傷を受けたものと推測されるが、墜落したかどうかは証言からは不明である。一方、渡辺泰男の『二式複戦 屠龍』は火を噴いたものの徹底的な破壊からは免れたのであろう。とにかく原形はとどめていたものと考えられる。しかし、体当りの衝撃で火災も発生し失速したのであろう。地上激突寸前に機首を立て直したが、その時の急激な風圧で傷んでいた機体が空中分解したものと推測される。証言のなかの「パタパタ」落ちてきた肉片は『B29』の搭乗員のものであろうか、それとも渡辺泰男のものであろうか。とにかく壮絶なシーンである。日本側記録では渡辺泰男はこの『B29』を撃墜したことになっているが、米軍記録では撃墜の記録は残されていないと『写真集 カミカゼ 下』（KKベストセラーズ 一九九七年）は伝えている。渡辺泰男（少尉）、飛行第五十三戦隊、幹部候補生出身、年齢不詳、昭和一九年一二月二七日、東京上空で戦死（『特攻データベース』筆者）。

ところで『B29』への空中での体当りは相当に困難であり、また難しかったようである。『歴史への招待 二二』は飛行第五十三戦隊の生還者青木哲郎（少尉）の証言としてつぎのように記している。

（略）ぶつかった人（体当り―引用者注）は非常に運がよかったんだと思いますね。私は二十回ぐらい邀撃に出ましたが、成功しませんでした。

「ぶつかった人は運がよかった」と言っている。少し説明がいる。『B29』への接近は大変に難しい。『B29』はスピードがある、さらに相当な重火器をもっている。接近して体当りに成功しなければ、反対に返り討ちに会う危険が極めて高い。無駄死となる。だから無駄死することなく「ぶつかった人」は「運」がいいと言っている。

フィリピンや沖縄戦での連合国軍艦船への陸軍航空特攻はそれなりに今日に伝わっている。

いずれも大規模で計画的な作戦であった。史料も多い。特攻隊員たちの遺書も多く伝わっている。しかしながら、本土上空（「満州」上空も含む）における『B29』への空中特攻は余り伝わってこない。その理由は、空中特攻そのものが意外と小規模な作戦であったことと、特攻部隊が編成されていたのではなく、戦闘機部隊のその時々の空中勤務者による判断で実施されていたことによるものと考えられる。震天制空隊（関東方面）、回天制空隊（関西方面）と称される航空特攻部隊も編成されたが、いずれも通常の飛行戦隊の一部を割いて編成されており、大規模のものではなかった。要するに、空中特攻の記録が少ないのは、艦船攻撃を目的としたフィリピンでの八紘隊や沖縄戦での振武隊や誠隊のような特攻部隊による大規模で計画的なものでなかったことによるものと考えられる。

陸軍飛行隊による『B29』への空中特攻で四五名が戦死し四一機の飛行機が喪失している（『特攻データベース』筆者による）。海軍航空隊での『B29』への空中特攻は記録に残されていないことから、実際の数値は不明である。

因みに、一九四四年（昭和一九）一〇月から一九四五年（昭和二〇）八月までの陸軍航空特攻による戦死者は一、四五六名、喪失した飛行機数は一、一八三機である。海軍神風特攻では戦死者は二、五一一名、喪失機数は一、四〇〇機である。陸海軍の合計特攻戦死者は三、九六七名、喪失機数は二、五八三機となる。『B29』への空中特攻は全特攻戦死者数の一・一％（四五名）、全特攻喪失機数の一・六％（四一機）である（『特攻データベース』筆者より推計）。

ところで、海軍航空隊で空中特攻が全くなかった訳ではない。『局地戦闘機 紫電改』や『夜間戦闘機 月光』などの邀撃で咄嗟の判断による空中特攻はあった。しかし、今日の記録では、これらの邀撃戦での咄嗟の空中特攻は航空特攻として記録されていない。また、空中特攻以外でも陸軍飛行隊や海軍航空隊による通常の空中戦や対空砲火によってより多く『B29』が撃墜されているが、これらの数値の詳細は不明である。故に本章では陸軍飛行隊による航空特攻として今日記録されているデータのみに依拠していることを断っておく。

そこで、つぎに、今日記録されている陸軍飛行隊による空中特攻のデータを日付順に記しておきたい。

一九四四年（昭和一九）

11月24日 ◆飛行第四十七戦隊（『二式戦 鍾馗』一機 見田義雄伍長 中央線上空 以上一名）

12月3日 ◆飛行第五十三戦隊（『二式複戦 屠龍』一機 澤本政美軍曹 三鷹上空 以上一名）

12月7日 ◆飛行第百四戦隊（『二式戦 鍾馗』二機 永田恵則曹長 明野吉博軍曹 奉天上空 以上二名）◆独立飛行第二十五中隊（『二式複戦 屠龍』一機 池田忍軍曹 臼井默伍長 奉天上空 以上二名）◆満州蘭花隊（『一式戦 隼』一機 春日園生軍官 奉天上空 以上一名）

12月13日 ◆独立飛行第十六中隊（『百式司偵』一機 中村忠雄少尉 名古屋付近上空 以

上一名）

12月18日　◆独立飛行第十六中隊（『百式司偵』二機　鈴木茂男少尉　古後武雄准尉　中村靖曹長　関川栄太郎伍長　名古屋上空　以上四名）

12月21日　満州蘭花隊（『一式戦　隼』一機　西原盛雄少尉　奉天上空　以上一名）

12月22日　◆明野教導飛行師団（『四式戦　疾風』二機　広瀬吉雄少佐　川上修大尉　名古屋付近上空　以上二名）◆独立飛行第十六中隊（『百式司偵』一機　高橋秀雄軍曹　名古屋付近上空　以上一名）

12月27日　◆飛行第五十三戦隊（『二式複戦　屠龍』一機　渡辺泰男少尉　東京付近上空　以上一名）◆飛行第二百四十四戦隊（『三式戦　飛燕』一機　吉田竹雄曹長　東京付近上空　以上一名）

一九四五年（昭和二〇）

1月3日　◆飛行第五十五戦隊（『三式戦　飛燕』一機　代田実中尉　名古屋上空　以上一名）◆飛行第五十六戦隊（『三式戦　飛燕』一機　涌井俊郎中尉　名古屋上空　以上一名）

1月9日　◆二震天制空隊・飛行第四十七戦隊（『二式戦　鍾馗』二機　栗村尊准尉　幸満寿美軍曹　東京付近上空　以上二名）◆五震天制空隊・飛行第四十七戦隊（『三式戦　飛燕』一機　丹下充之少尉　小平付近上空　以上一名）

1月27日　◆二震天制空隊・飛行第四十七戦隊（『二式戦　鍾馗』一機　鈴木精曹長　東京千葉上空　以上一名）◆五震天制空隊・飛行第四十七戦隊（『三式戦　飛燕』二機　高山正一少

尉　安藤喜良軍曹　東京千葉上空　以上二名）◆常陸教導飛行師団（『二式複戦 屠龍』一機　小林雄一軍曹　鯉淵夏雄伍長　千葉上空　以上二名）

2月10日　◆第一錬成飛行隊（『一式戦 隼』〈推測〉一機　倉井利三少尉　北関東上空　以上一名）◆飛行第四十七戦隊（『二式戦 鍾馗』一機　吉沢平吉中尉　太田付近上空　以上一名）◆飛行第二百四十四戦隊（『三式戦 飛燕』一機　梅原三郎伍長　筑波山付近上空　以上一名）

2月19日　◆飛行第五十三戦隊（『二式複戦 屠龍』二機　広瀬治少尉　山梨上空　山田健治伍長　東京上空　以上二名）

3月17日　◆飛行第五十六戦隊（『三式戦 飛燕』一機　緒方醇一大尉　神戸付近上空　以上一名）

4月7日　◆飛行第十八戦隊（『五式戦闘機』一機　小島秀夫少尉　田無上空『三式戦 飛燕』二機　河野啓少尉　田無上空　三宅敏男軍曹　原町田上空　以上三名）◆第一錬成飛行隊（『一式戦 隼』〈推測〉一機　山本敏彰中尉　埼玉県上空　以上一名）

4月18日　◆飛行第四戦隊（『二式複戦 屠龍』一機　山本三男三郎少尉　福岡上空　以上一名）

5月7日　◆飛行第四戦隊（『二式複戦 屠龍』一機　村田勉曹長　大分上空　以上一名）

5月29日　◆飛行第五戦隊（『五式戦闘機』一機　河田清治少尉　御前崎上空　以上一名）

6月7日　◆独立飛行第八十二中隊（『百式司偵』一機　鵜飼義明中尉　阪神上空　以上一名）

名）
6月26日　◆飛行第五十六戦隊（『三式戦 飛燕』一機　中川裕少尉　名古屋上空　以上一名）◆飛行第二百四十六戦隊（『四式戦 疾風』二機　音成貞彦大尉　原実利軍曹　熊野灘上空　以上二名）

『ボーイングB29』

それでは、この空中特攻の結果はどうであったか。体当りによる『B29』撃墜の戦果である。『写真集 カミカゼ 下』（KKベストセラーズ 一九九七年）によると、日本側の確認撃墜数は二四機であるのに対して、米軍側記録では六機の撃墜と伝えている。撃墜したつもりではあっても、また、相当な損傷の手応えはあっても、『B29』は二、〇〇〇馬力エンジン四基の大型機である。消火栓も完備し搭乗員保護のダメージコントロールは抜群である。傷つきながらもその多くは生還できたのであろう。とにかく米側の記録では特攻による喪失機数はたったの「六機」である。これが日本軍特攻隊員のまなじりを決した必死の攻撃の結果である。暗澹たる気持ちに打ちのめされる。しかし「六機」撃墜には少々疑問がある、このことも後に記す。

『四式戦闘機 疾風』

『二式戦闘機 鍾馗』

日本陸軍飛行隊にとっては、そもそも『B29』への通常の邀撃そのものが極めて困難であった。『B29』は一〇、〇〇〇メートルもの高高度を大編隊で進行して来る。これを迎え撃つ日本陸軍の戦闘機は六、〇〇〇メートルから八、〇〇〇メートル辺りまでが限界である。一〇、〇〇〇メートルの高高度飛行は可能ではあったが、上昇には時間がかかり、さらには相当な熟練空中勤務者でないと難しかったようである。そして一旦上昇できたとしても、空気が薄くなることから飛行機の性能が極端に劣化する。ちょうど酸欠の魚のようなものである。アップアップの状態である。その飛行機の本来もっている性能が十分に発揮できない。一方、『B29』には「スーパーチャージャー」がついていた。薄くなった外気をエンジンの排気ガスを利用した遠心式圧縮機で気圧を一旦高めて、それをエンジン・シリンダーに送り込むのである。高高度でも平地と同じ濃度の空気がエンジン・シリンダーに送り込まれる。だから一〇、〇〇〇メートルの高高度でも平気である。日本陸軍戦闘機にもその装置はあった。日本名を「過給機」という。しかし、旧式で製造技術と性能が全く違っていた。日本製は信頼性が低かった。だから日本陸軍の戦闘機にとって一〇、〇〇〇メートルでの『B29』の邀撃は非常に困難であった。業を煮やした戦闘機部隊の空中勤務者たちは、戦闘機の機銃をはじめ余計な装備を一切とりはずし、丸腰で飛行機を軽くして空中特攻を唯一の攻撃として邀撃に飛び立ったという。これが『B29』への空中特攻の実情であったようだ。

『B29』の概要を記しておく。一九四四年（昭和一九）初頭に実戦配備されたボーイング社製の戦略爆撃機である。頭文字の「B」は bomber（爆撃機）の意である。翼の幅は四三メートル、エンジンは四基、一基あたり二、一四〇馬力、爆弾搭載量は八トン、高度一〇、〇〇〇メートルでの最高速度が五九〇km／hである。米軍はこの爆撃機を『スーパーフォートレス』と呼んだ。「要塞」の意である。これを迎え撃つ日本陸軍の最精鋭は『四式戦闘機疾風《はやて》』（以下『四式戦 疾風』）である。上昇限度一一、〇〇〇メートル、エンジン出力二、〇〇〇馬力、時速は六二四km／h（ただし高度六、〇〇〇メートルで）。数字の上では一応互角である、高度一〇、〇〇〇メートルも可能であったが、現実はこの高高度での飛行は相当困難であったようだ。要するに余裕がなかった。スピードも高度六、〇〇〇メートルで発揮できる。それ以上の高高度では実速が落ちる。最精鋭の『四式戦 疾風』でさえも『B29』への邀撃は相当に困難であった。

『三式戦闘機 飛燕《ひえん》』は上昇限度一〇、〇〇〇メートル、エンジン出力一、一〇〇馬力、最高時速五九〇km／h。エンジン出力は見劣りするが、それ以外の数値は互角といえる。しかし、事情は『四式戦 疾風』と変わりはない。

『二式戦闘機 鍾馗《しょうき》』は上昇限度一一、〇〇〇メートル、エンジン出力一、四五〇馬力、時速六〇五km／h（五、二〇〇メートル）。この飛行機は爆撃機などの大型機を邀撃するために設計製造されている。しかし、それでも『B29』には対応しきれていない。実情は、前述の『四式戦 疾風』や『三式戦 飛燕』と変わらない。

『二式複戦 屠龍』は双発複座という特性を活かし『B29』邀撃に多用されている。しかしながら、邀撃用に改造されたものでさえ上昇限度一〇、〇〇〇メートル、エンジン出力一、〇五〇馬力が二基、最高時速は五四〇km／h（七、〇〇〇メートル）、『B29』邀撃には見劣りがする。

日本陸軍の戦闘機にとっては『B29』への攻撃は、通常攻撃も空中特攻も非常に困難であったと言われている。しかし、陸軍飛行隊の戦闘機部隊は、こんな困難を乗り越えながら、『B29』への必死の空中特攻を実施している。

日本陸軍の戦闘機群が劣っていたのでは決してない。米軍や他国の戦闘機と比しても、日本陸軍の戦闘機は有能であった。しかし、戦闘機はその単体だけで運用できるものではない。様々なパーツや付属品、さらに設備などの高質な環境が整ってこそ性能が発揮できる。まず燃料のオクタン価が違っていた。米軍は一〇〇オクタンが普通である。一方迎え撃つ日本陸軍戦闘機のオクタン価は九〇前後のガソリンである、パワーが違う。エンジンオイルの品質も違う。加えて、そのエンジンオイルの冷却器の品質も良くなかった。だから日本軍機はオイル漏れに苦しんでいる。一回の飛行で還って来た飛行機は冷却器やエンジン回りが漏れたオイルでベトベトであったという。しかし、米軍機は何回使ってもエンジン回りはピカピカであったらしい。この現実に日本軍整備員が驚嘆している。プラグの性能も比べものにならなかったようだ。撃墜した米軍機のプラグを『四式戦 疾風』に着装したところ、今までにない性能が出たという。『四式戦 疾風』は戦後米軍でのテストでは日本軍の公式以上の性能が出たと言われている。燃料やプラグ、オイルの品質差である。さらに日本陸軍戦闘機には無線電話が装備されていない（無線電信が装備されていた）。これでは組織的な空中戦ができるはずがない。さらに飛行場である。土を天圧しただけの飛行場は離着陸の際の脚折れ事故の原因となっている。そして、先述の「過給機」である。その性能は問題外であったようだ。終戦直前には日本陸軍も「スーパーチャージャー」の開発にどうにか成功している。それを着装した戦闘機は一〇、〇〇〇メートルの高高度でも所期の性能が発揮できたと言われている。戦闘機単体の性能は決して劣っていたわけではない。むしろ米軍機よりも優れていた部分もある。しかし、周辺機器の技術の差は比べるべくもない。これが本来もっている戦闘機の性能の足を引っ張っている。

こんな困難な中での空中特攻である。そこで、今日に伝わっているいくつかの空中特攻の実際を紹介し、『B29』への空中特攻がどのようなものであったかを見ておきたい。艦船へ

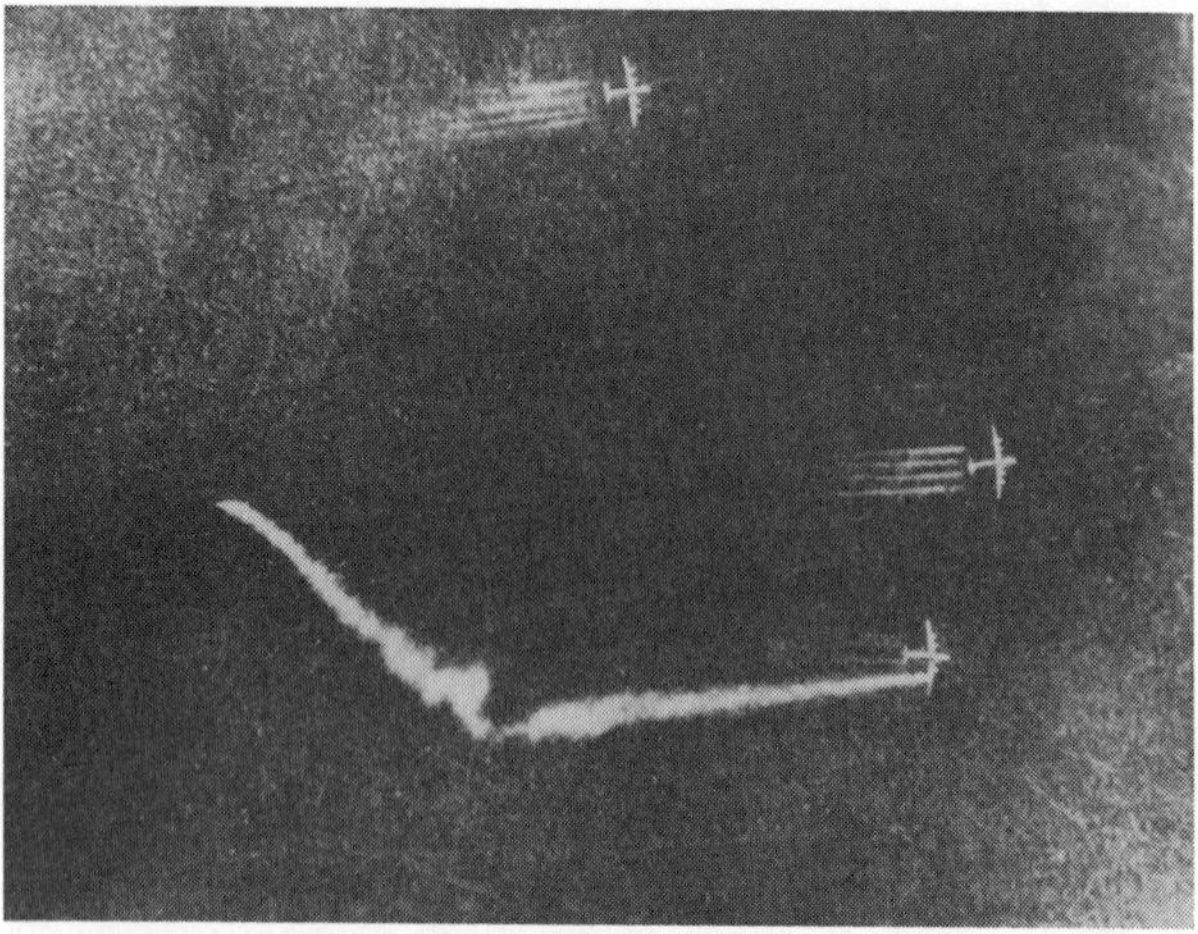

『写真集 カミカゼ 陸・海軍特別攻撃隊 下』KKベストセラーズ刊より

の特攻攻撃とは異なり、空中特攻には生還者もあり、また、地上からの目撃も多い。

『写真集 カミカゼ 陸・海軍特別攻撃隊 下』（KKベストセラーズ 一九九七年）に一葉の写真が掲載されている。これは一九四五年（昭和二〇）一月九日の二震天制空隊（飛行第四十七戦隊）幸満寿美（軍曹 二四歳）による空中特攻の瞬間を朝日新聞が撮影したものである。場所は東京上空である。「震天制空隊」とは通常の飛行戦隊である飛行第四十七戦隊内に特攻専用部隊として創設されたものである。関東地方の防空に当たっていた。幸満寿美軍曹はその震天制空隊員である。空中特攻を期しての出撃であったと考えられる。

写真下の白煙を吐きながら右方向に飛

行しているのは攻撃を受けた『B29』である。白雲が逆「へ」の字となっている。その頂点が体当り地点であろう。そこから左側斜め上方に白煙が蛇行している。その左先端に幸満寿美軍曹の搭乗する『二式戦 鍾馗』が在ると考えられる。壮絶な空中特攻の瞬間である。写真をよく見ると攻撃を受けた『B29』は、第一エンジンと思われるところが欠落しているように見える。幸満寿美の『二式戦 鍾馗』は恐らくここに攻撃をかけたのであろう。かなりの破壊である。エンジンは脱落しているように見えるが、翼そのものの破壊は免れたようだ。『B29』はまっすぐに飛行している。白煙を噴いているがその煙は蛇行していない。通常の飛行である。悠然としている。一方、『二式戦 鍾馗』と考えられる白煙は大きく渦を巻いている。体当り直後に機体がキリモミをしているのであろう。『二式戦 鍾馗』は安定を失っているものと推測できる。致命的な破壊であろう。一葉の写真が特攻の凄まじさと同時に、その現実を我々に伝えてくれている。『写真集 カミカゼ 下』（KKベストセラーズ 一九九七年）によると、この日の特攻では、日本側では二機の『B29』の撃墜が記録されているが、米軍側資料に未帰還の記録がない。写真の『B29』は第一エンジンを喪ったにもかかわらず自力で生還したのであろう。『B29』はそんな恐ろしい飛行機であった。

一九四五年（昭和二〇）一月二七日、常陸教導飛行師団の小林雄一軍曹（操縦）、鯉淵夏雄伍長（偵察）の搭乗する『二式複戦 屠龍』は『B29』邀撃のため茨城県水戸基地から飛び立った。その出撃の情景を当時整備兵であった鈴木正敏（少年飛行兵出身）は（財）特攻隊戦没者慰霊平和祈念協会編『B－29との戦い』（二〇〇〇年 以下『B－29との戦い』平和祈念協会）の中の手記で次のように記す。

剛の小林軍曹、柔の鯉渕兵長《ママ》、この絶妙のコンビが、一月二十七日昼すぎ、燃料弾薬すべて整備完了した愛機に近づいてこられた。いつもの様に、

「ご苦労」

と、胸をそらせ、肩の前あたりに手のひらを前に向けた先輩独得の敬礼とともに、翼の上に、そして操縦席に。

鯉渕兵長は、長身を折り曲げるように前かがみになりながら、

「ご苦労さん」

といいつつ敬礼をされ、機体の足掛けに右足をのせる（後部座席に座乗―引用者注）。いつものことだが兵長のお尻を小生が押し上げる。これが最後の尻押しになるとも知らずに。

緊急発進のため始動車を待って居れず、仲間と一緒にテンパ廻し（注 転把まわし……慣性始動機のハンドルをまわすこと）、左右両エンジンとも一発で始動、すぐに操縦席横に駈け上った私は帽子をおさえながら、小林軍曹のエンジンチェックを見守る。一通りの点検を終わると、「ヨシッ」の声でホッとする。敬礼をすると軍曹は目礼を返された。

翼をおりるとき後部座席を見ると、鯉渕兵長は無線機の調整に余念がない様子、急いで飛びおりて足掛けを押し込むと、すでに僚機は地上滑走をはじめている。機の前方に出ると、小林軍曹は待ちかねたように両手を開いて「車輪止めはずせ」の合図をしている。ただちに車輪止めをはずすと、両エンジンの轟音とともに砂塵をまき上げ、機体はゆっくりと走り出した。挙手の礼をおくると、小林軍曹はチラッとこちらを見てすぐに正面を睨んだように見えた。鯉渕兵長は右手を上げて応えてくれた。

やがて滑走路を砂煙を立てて三機の「キ－四五」（『二式複戦 屠龍』——引用者注）は離陸し、左旋回ののち東京方面の空に消えていった。

全体の印象として悲愴感はない。いつもの出撃風景といった感じである。ただ「小林軍曹はチラッとこちらを見てすぐに正面を睨んだように見えた」の記述に一瞬の緊張が漂っている。そして、小林、鯉淵の『二式複戦 屠龍』は『B29』に体当りをする。『B－29との戦い』（平和祈念協会）の執筆者の一人である鈴木正敏は小林・鯉淵機の体当りを目撃していないが、他の人の証言として、同著はその空中特攻の様子を次のように記す。引用させていただく。

地上の防空部隊の某中尉の証言によると、小林機は千葉県船橋上空を八千メートル付近で、『B29』十三機編隊に単機で戦いをいどみ、先ず前方から攻撃したのち、後上方から突進し衝突して火を噴きながら急降下状態で墜落し、『B29』は酒々井町大字伊篠に墜落したとのことである。

攻撃高度は八、〇〇〇メートルとしている。先ほどの『二式複戦 屠龍』の性能諸元を参照されたい。この高度での攻撃がいかに困難であったかが推測できる。小林・鯉淵機の墜落地点が特定されている。千葉県船橋市東隣の八千代市の豊田姓の田圃に突入したようだ。豊田宅を直撃するかと思われたが、咄嗟の右旋回で回避し水田に墜落したという。当日は後部座席の鯉淵夏雄（偵察）の遺体の一部を収容している。戦時中のことである、水田にのみ込まれた前部座席の小林雄一（操縦）の遺体はそのままにしておかれたという。

実はこの話には後日談がある。『B－29との戦い』（平和祈念協会）の執筆者である鈴木正敏（少飛一五期）らの努力により、一九九六年（平成八）にその水田から五一年の歳月を経て機体が発掘された。墜落地点には丸太の杭が打ち込まれてあったらしい。誰が打ち込んだものかは鈴木正敏の手記からは詳《つまび》らかではないが、その当時の誰かが墓標としたらしい。だから発掘地点の特定はそんなに難しくはなかったようだ。発掘はその地の自治体の協力と鈴木正敏をはじめ元陸軍少年飛行兵出身者らの尽力の結果である。その件《くだり》を『B－29との戦い』（平和祈念協会）から引用させていただく。

やがて九月一九日冒頭に述べた如く、供養の後二台の重機により掘削が始められた。

既に磁気探査で概ね場所の特定が出来ている為、二～三メートル掘った頃から、ばらばらになった部品が次々に上がってくる。

バックホウで掘ったりスコップで手掘りをしたり、場所が水田であるため、広範囲の現場周囲に無数のパイプを打ち込み水を吸い上げているが、湧水も多く泥濘の中で作業員も悪戦苦闘だ。泥だらけの残骸を引き上げると、傍らでは他の作業員が水で洗浄する。エンジンが出た、根元から折れたプロペラがあった、続々と残骸が出てくる、いずれも原形を止める物は無い無残な姿である。二〇日午前二五ミリ上向機関砲が出た付近から遺骨が出て来た。私は作業員から手渡された遺骨の土を丁寧に落としながら、思わず「小林さん」と声を掛けてしまった。細かく割れた頭蓋骨・綺麗な奥歯がついた下顎骨の半分・肋骨・背骨・大腿骨・脛骨等、全数ではないが、ほぼ全身の骨を操縦席と思しき場所から収容する事ができた。遺骨をビニールの袋にいれ箱に納めて、しばしの間涙の合掌でその場を離れる事が出来なかった。少し離れた所からは鯉渕兵長の名いりの飛行長靴が出土両足共骨が入ったまま上がって来たが、残念ながら頭蓋骨は無かった。機体の残骸も次々に上がりエンジン二基、日の丸のはっきり判る胴体、機体番号の四〇六五が消えずに残ったフラップ、尾輪や尾灯部分の胴体最後部、油漏れに苦労したクーラー（エンジンオイル冷却器―引用者注）も、総て潰れてはいるが当時を思い出させるに十分な物ばかりであった。

鈴木正敏は「思わず『小林さん』と声を掛けてしまった」としている。出撃以来五一年ぶりの再会である。頭蓋骨は細かく割れていたという。空中衝突の時にそうなったのか、それとも地中での長い時間がそうせたのか、とにかく壮絶な戦死である。鯉淵夏雄の飛行長靴も発見された。その靴には遺骨が残っていたという。遺骨はそれぞれの遺族に引き渡されたという。五一年の歳月が流れた。小林雄一と鯉淵夏雄の長い戦いは、この日で「終戦」となった。

鈴木正敏は『「B29」との戦い』（平和祈念協会）の最後に歌四編を捧げている。死者への哀切が滲み出ている。引用させていただきたい。

体当りせし人二十と十八と　聞きて胸打つ老残のわれ
ひさかたの天翔けり行け君が魂《たま》　老ゆることなき齢なりせば
五十年《いそとせ》を泥《ひじ》に埋まりしなきがらよ　魂目覚めつつ何見給ふや
国思ふ心失せ果てあさましく　うつろひにけりと告ぐる苦しさ

最後の一首が気になる。生き残った者の懺悔と悔恨に似た苦しみが滲み出ている。死んだ人たちへの申し訳なき故の慟哭である。この一首は今を生き継ぐ筆者にとっても、鋭い痛みとなって心に突き刺さる。

ところで、鈴木正敏の手記からは『B29』は撃墜されたものと思われるが、日本側資料にも米軍資料にも『B29』の撃墜記録は残っていない（『写真集 カミカゼ 下』KKベストセラーズ 一九九七年）。

今ひとつ『B－29との戦い』（平和祈念協会）から紹介しておきたい。一九四五年五月七日、大分県中津市上空での空中特攻である。飛行第四戦隊の村田勉（曹長 召集 二四歳）は山口県小月基地を午前八時頃に飛び立った。この人の兵装も『二式複戦 屠龍』である。この飛行機は複座である。通常の『B29』邀撃の場合は各種の操作のために後部座席の偵察員が搭乗しなければならない。しかし、今日に残る史料では村田だけの戦死であることから、この日の出撃は通常の邀撃ではなく、体当りを覚悟のうえの単独での出撃と推測される。この村田勉の空中特攻の一部始終を当時専門学校（中津工業学校）の生徒であった池上末光が地上から目撃している。『B－29との戦い』（平和祈念協会）より引用させていただく。

（略）爆音のする浮雲の下を『B29』の先頭が通過すると、同時に村田機が雲の中から太陽を背に太陽の光の流れる中を真っ直ぐに急降下した。八機編隊だったと思う。その右翼後尾機の水平尾翼前方から大きな『B29』の胴体の下にはいると、同時に一気に上昇反転し直角に近い角度で、然も前方から通せんぼをする恰好で突き上げた一瞬、閃光と共に『B29』は尾翼と主翼が真二つに割れ、ふわりと浮き上った。スローモーションをみるようだった。そして主翼が分解した。空には落下傘が一つ二つと漂っていた。村田機は、『B29』の進路と反対方向、即ち西から南東に右翼の先端が折れた状態で、プロペラは止ってはいたが折れてはいなかったので、思わずエンジン始動！　操縦桿上げろーと叫んだ。その念いも空しく大谷の南東斜面に激突した。じっとみていた私の判断では、村田機体当りは物理的に城山上空か伊藤田上空であろう。村田機は『B29』の進路を予測し『B29』を待伏せしたのであろう。計算された攻撃に興奮した私は尊敬の念を抱きながら、猛烈な勢いで我が家に帰り、村田機墜落現場に向った。

大人たちと共に墜落現場に駆けつけて、そこで見た情景は、

「おおいー、誰かいないか」

声をかけたが笹竹の響く音だけが返った。主翼に近い笹竹をかき分けた時、村田曹長の頭部を発見したので集ってきた大人をよんだ。五分刈で若白髪があった気がする。

村田勉は一九二一年生まれであることから、当時は二四歳ということになる。一般兵から航空に志願した。陸軍一般兵から航空への転科は生易しいものではない。相当に難しい選考があった。難関を突破して空中勤務者となった。この人は優秀な人であったようだ。その五分刈りの頭が白髪であったとしている。生まれつきの若白髪であったのか、それとも、熾烈な戦局と特攻への覚悟が、この人の頭を白髪にしたのであろうか。

もう一人、村田勉の空中特攻を目撃した人がいた。千鳥道造である。二〇〇〇年で七八歳としていることから一九四五年（昭和二〇）は二三歳であったということになる。当時の職業は不明であるが、「野良仕事の支度をしている時」と記している。

（略）はるか西方上空の雲間から機関銃音がする。友軍機二機が『B29』に発砲しているが、まるで手応えがない。そのうち一機が全速で最後尾の『B29』に体当たりした。当てられた『B29』は、先ず片側の発動機が落ち、ほどなくもう一方のも落ちた。『B29』の巨体は、まっさかさまに八面山北側に落下、山陰のため途中で見えなくなった。

村田曹長機は、体当たりした余勢で火を噴きながら飛んでいたが、火だるまとなり、キリモミ状態で洞ノ上中尾谷の山中（伊藤田力氏所有）に墜落した。

この人も現場に駆けつけている。そしてそこで見たものは、

（略）火勢の強い現場にたどりついたが、余りに火が強くて墜落機には近づけない。よく見ると、操縦桿を握っている手首に腕時計が見える。車輪のタイヤも、黒煙をあげて燃えている。村田曹長の遺体は四散して、残って見えるのは、両腕と頭だけ。思わず念仏合掌。

攻撃された『B29』はどうなったのであろうか。前出の池上末光によると、「そして主翼が分解した。空には落下傘が一つ二つと漂っていた」としている。もう一人の目撃者の千鳥道造によると「まっさかさまに八面山北側に落下」したことから『B29』は撃墜されている。しかし、先述の『写真集 カミカゼ 下』（KKベストセラーズ 一九九七）によると、日本軍特攻の「村田勉」の戦死は記されているが、この日の『B29』撃墜の事実は日米両国の公式記録には残されていないとしている。しかし、八面山平和公園管理委員会発行『人類愛が生んだユニークなモニュメント 八面山平和公園』（一九九五年 インターネット版 以下『八面山平和公園』）には米軍B29搭乗員一一名の戦死が刻まれている。

空中特攻から二六年経った一九七一年五月七日に、この地で日米関係者による合同の第一回日米戦没者慰霊祭が行われている。戦死した両軍兵士への哀悼の意からも、この日、『二式複戦 屠龍』と戦略爆撃機『B29』の熾烈な戦いにより両機に相当の犠牲があったことを確認しておきたい。

その当時、『B29』の来襲は数十機、あるいは一〇〇機単位の大編隊である。その中の一機や二機の撃墜が有効であったわけではない。正に付け焼刃の攻撃ともいえる。無駄な用兵であったのかもしれない。しかし、その当時の空中勤務者にとっては、命と引き換えの『B29』の一機撃墜に全ての使命感が凝縮されていた。地上からの国民衆目の中での特攻である。

特別な闘志があったであろう。燃え上がる使命感があったに違いない。『B29』は一機につき八トンの爆装である。その爆撃で喪われるであろう同胞の命への冷静な計算もあったであろう。だから大編隊の一機の撃墜だからこそ、そこに意味があったのだ。また、連合国にすれば、たとえ一機であろうとも、失われる搭乗員数一二名の命と一機の損失は無視できない。

日本軍特攻の空中勤務者たちの命はかけがえのないものであった。もちろん狙われた『B29』の搭乗員たちも同じである。『B29』の大半は日本軍特攻の必死の空中特攻にもかかわらず、何事もなかった如く悠々と帰還している。しかし、不幸にもその何十分の一、あるいは何百分の一の『B29』が日本軍の空中特攻の犠牲となった。

このごく少数の命と命が、たとえば、大分県中津市上空で熾烈な戦闘を繰り広げたのである。命に代わる大切なものはない。敵味方を超越した大切なものをこの人たちは我々に伝えている。先述したように、戦後も二六年経って、墜落地点である中津市の八面山平和公園では毎年五月七日に日米合同による追悼の祭りが営まれている。二、〇〇〇人もの参加があったという。追悼祭は毎年営まれており、二〇〇六年（平成一八）の五月三日にも恒例の追悼祭が実施されているが、それまでの大規模な「平和祭」に代わって、この日からは関係者による「慰霊祭」として規模を小さくして実施されたと大分合同新聞（インターネット版）は伝えている。関係者の高齢化と維持管理の負担が大きかったようだ。この日の参加者は八〇名であったとしている。一方、二〇一一年（平成二三）五月四日付の大分合同新聞（インターネット版）は、「平和の大切さを実感　中津で八面山慰霊祭」と見出しを載せたうえで、この日（五月三日）の参加者は七〇名であったと伝えている。恩讐を乗り越え、地元の人たちの善意の努力は今も息づいている。

一方、時代の流れと関係者の高齢化により日本軍特攻の『二式複戦 屠龍』と米軍戦略爆撃機『B29』の熾烈な戦いの記憶も薄れようとしている。抗《あらが》いがたい時代の趨勢である。地元の人たちの篤志で日米両軍戦没者の霊が祭られてきた、その追悼の結果として今の平和があるのなら、言い換えれば、平和であることがこの人たちへの追悼となるのなら、それでいいのかもしれない。

第九章——戦　果

本稿の各章において、陸軍航空特攻の成功率は非常に低かったことを繰り返し述べてきた。確かに、陸軍の万朶隊、富嶽隊、八紘隊の各隊の成功は今日に残るデータを見る限り芳しいものではない。

その意味では日本陸海軍による航空特攻は戦略的にも戦術的にも何ら意味をもたなかったことになる。戦後の日本の各種文献でも、日本陸海軍による航空特攻の成功率は極めて低く、戦局に何ら影響を与えなかったとする論が多い。そうかもしれない。

ところで、敵国であった米軍は特攻をどのように見ていたのであろうか。一九四六年刊行の米国戦略爆撃調査団報告『ジャパニーズ・エア・パワー』（大谷内一夫訳　光人社　一九九六年）によると、日本陸海軍による航空特攻は「冷静でロジカルな軍事的選択の結果であった」としたうえで、日本軍は通常の航空戦ではすでに戦えなかったこと、特攻の効果が大きいこと、未修パイロットで確実に成功できる攻撃であったこと等を挙げたうえで、戦争が長引けば、米軍は甚大な損害を蒙っていたかもしれないと警告を述べている（拙著『元気で命中に参ります』元就出版社 二〇〇四年）。

また、森史朗『特攻とは何か』（文藝春秋 二〇〇六年）では日本軍と戦った何人かの米海軍提督の言葉を引用しながら、日本陸海軍による航空特攻は侮りがたい効果があったことを紹介している。

これは要するに、米軍は日本陸海軍による航空特攻によって結構甚大な被害を受けたことによるものである。戦後の多くの日本人論者は「特攻は無駄であった」としている。これが今日でも多数意見である。しかし、米軍関係者の証言はこれとは少し異なる。米軍は特攻をむしろ「評価」している。

そこで本稿の終わりに当たり、本章では日本陸海軍による航空特攻の「戦果」について記しておきたい。「戦果」とは戦の結果である。「戦果」があったということは敵国軍に多くの戦死者が出たことであり、「戦果」がなかったということは味方の多くが戦死したことである。だから、「戦果」を述べることは彼我の戦死状況について言及することであり、これは筆者（私）にとっては憂鬱《ゆううつ》な作業である。しかし、その当時は戦争遂行が全てであった。その当時を生きる人たちにとって、好むと好まざるにかかわらず戦争は「人生」そのものであった。

特攻隊員もしかりである。この人たちの願いは自分の死の代償として日本を勝利に導き、多くの同胞を救うことであった。そのためにも、特攻隊員たちの目的はひとえに米軍艦船への命中である。だから、その「戦果」を分析することは、この人たちの「人生」そのものを語るに等しいと考えるのは、あながち言い過ぎでもないであろう。だから本章では「戦果」にこだわっておきたい。

ところで、この人たちは自分の飛行機だけが命中に成功できればよいとは考えていなかった。編隊で先頭を組む隊長は、当然に率先垂範で命中の成功を願ったであろう。しかし、戦場はそんな生易しいものでないことをこの人たちはよく知っている。そこで、まず真っ先に突入し、自分が囮《おとり》となって対空砲火を一身に浴びつつ、後続の部下の成功を祈ったと考えられる。本稿第一章の富嶽隊長の西尾常三郎は囮になって対空砲火の餌食となり火達磨となって墜落していったと『陸軍特攻』（高木）は記している。編隊の最後尾でさらに一番外側の位置は邀撃戦闘機に最も狙われやすかったという。この殿《しんがり》の編隊位置を「カモ編隊カモ番機」と言ったらしい。だから、部隊の中でも優秀者が充てられていたようだ。「カモ編隊カモ番機」の位置に付いた或る陸軍航空特攻隊員は、自分は確実に「グラマン」に撃墜されるだろうと遺書に言い残している。それが自分の役割であり、残りの隊員のための犠牲となることだと認《したた》めている。

特攻隊員はそれぞれの立場で自分の運命をすでに予見している。全員が我も我もと命中成功を期していたのではない。自分が、あるいは囮になり、あるいは「カモ」になって、残る何機かが成功すれば良いと祈っていた。そのための役割分担をきちんとわきまえていたのである。このようにしてこの人たちは出撃していった。それではこの人たちのそんな律儀な使命感の結果がどのようなものであったのか、ここで千言万語を弄するのではなく、データで日本陸海軍による航空特攻の「戦果」を記しておきたい。

ここに敢えて「戦果」を記すのは特攻を褒《ほ》め称えることではない。反対に、特攻は無駄であり、この人たちの死は何の結果ももたらさなかったとする戦後の一般的な見解を正当化することでもない。その刹那の自己の負うべき使命を担い、全てを達観し、命と引き換えに日本の平和を願い、二度と降りることのない大地を蹴って決然と大空に消えて逝った特攻隊員たちの、その時の使命の結果がどのようなものであったかをきちんと整理をしておくことは、後世を生き継ぐ者の務めであり、この人たちへの礼儀であると考える。筆者なりにその礼儀を尽くしておきたい。

本章で用いるデータについては、特攻の出撃状況は、本稿冒頭（凡例）で記した『特攻データベース』（筆者）に拠っている。また、連合国軍艦船の被害状況は、同じく本稿冒頭（凡例）で記した『特攻被害データベース』（筆者）に拠っている。

この『特攻被害データベース』（筆者）について断っておきたい。これを作成した際の出典は森本忠夫『特攻―外道の統率と人間の条件』（文藝春秋　一九九二年　以下『特攻』（森本））、原勝洋『真相・カミカゼ特攻』（KKベストセラーズ　二〇〇四年　以下『カミカゼ』（原））、『写真集　カミカゼ　陸・海軍特別攻撃隊　上下』（KKベストセラーズ　一九九六・一九九七年　以下『写真集　カミカゼ』（KKベストセラーズ））としたが、この三資料の間で連合国艦船の被害状況は一致していない。相当の誤差がある。さらに同一の資料の中にも少なからず矛盾がある。
そこで『特攻被害データベース』（筆者）の作成に当たって、資料間の誤差なり矛盾の修正を試みた。例えば、艦名であるが、資料によっては駆逐艦『ハリスン』と記すものがある一方、同『ハリソン』と記す資料もある。被害状況が同じであることから、これは同一艦と考えた。揚陸艦『オハラ』と同『ジェイムス・オーハラ』も状況から同一艦と考えられる。翻訳者による日本語表記のクセによるものであろう。これらはまだ分かりやすい。輸送船『ベンジ・イード・ホイラ』と『ベンジャン・アイデ・ウィラー』はどうであろうか。名称は確かに違う。しかし、被害状況は全く同一である。これも同一船と考えてよいであろう。また、被害状況が全く同じであるが、資料間では日付が一日違いで記載されている場合が結構多い。当時の日本時間を採るのか、それともアメリカ時間を採るのかの違いによるであろう。

さらに資料によっては日本軍特攻機の「命中」（「至近命中」を含む）にもかかわらず、連合国軍艦船の被害を「僅少」もしくは「かすり傷程度」と記している場合が結構多い。ここにも矛盾を感じる。命中であれば被害は甚大になるはずである。これは恐らく撃墜した飛行機からの落下物が衝突したのか、海面墜落の爆発の際、その破片が何らかの被害をもたらしたのだろう。他の資料との照合からも、これを「命中」とするには少し無理を感じる。さらに、稀ではあるが、同じ資料の中で一旦沈没した艦が数日後に命中被害を受けた記載もある。これは明らかに矛盾である。とにかく、資料間にそれなりのズレを感じる。そこで、これらの矛盾やズレを修正しながら、それぞれの資料の集計を試みた。そして、その結果がつぎの一覧となった。

資料名	命中機数	連合国軍艦船被害状況	
『特攻』(森本)	二三三機	命中被害延一七六隻、間接被害延三〇七隻	計延四八三隻
『カミカゼ』(原)	三一一機	命中被害延二五四隻、間接被害延一六六隻	計延四二〇隻
『写真集 カミカゼ』		記載なし	計延四一一隻

それぞれの資料の数値に相当な開きが出た。『特攻』(森本)は出典を「アメリカ軍側の資料」としており出典資料の詳細は記されていないが、本文の記載は詳細に亘っている。『カミカゼ』(原)もアメリカの資料を典拠としており、ここには出典資料名が記されている。本文記載も詳細に亘っている。『写真集 カミカゼ』(KKベストセラーズ)もその根拠とした資料(一一資料)を記している。三資料はそれぞれ渾身の調査結果であり、その成果を尊重したい。

いずれの資料も艦名や被害状況は詳細に記されており、具体的な記述である。このことから、『特攻被害データベース』(筆者)では、筆者なりに修正のうえでこれらの三資料の「足し込み」による集計で作成した。『特攻被害データベース』(筆者)の結果は、つぎのとおりとなった。

日本軍特攻機命中数		三八五機（至近命中を含む）
連合国軍艦船被害	命中被害	延三〇二隻（実数二五三隻）
	間接被害	延二五六隻（実数二一一隻）
	合計	延五五八隻（実数四六四隻）

連合国軍艦船被害総数の延五五八隻のうち、三資料間で艦種と艦名が完全に一致するのは延三一五隻である。一致率は五六・五％である。とにかく、資料間には相当な誤差とズレがあることを認識しておきたい。このことから『特攻被害データベース』（筆者）はあくまで参考値であることを断っておきたい。この数値は連合国軍被害の最高値に近いものであり、現実はこれより下回るものと推測している。とにかく、以下は集計の結果から出てきた数値に従いたい。

日本陸海軍による航空特攻の出撃総数（未帰還機数）は二、五八三機（陸軍一、一八三機、海軍一、四〇〇機）である。このうち命中機数は三八五機となっている。この場合の特攻命中率は一四・九％となる。その結果、連合国軍艦船の被害は延三〇二隻（実数二五三隻）となった。六一隻の連合国軍艦船が沈没している。これが日本陸海軍による航空特攻の「総決算」である。少しあっけない。そこで今少し詳細な分析をしていきたい。

命中の三八五機は数値としては決して高くない。むしろ低いというのが率直な印象である。

ところで、三八五機は連合国軍艦船への直接の命中被害数（至近命中を含む）である。これだけの機数が命中をしたということは、裏を返せば、実はそれ以上の特攻機が、兎にも角にも連合国軍艦船の上空に到達したということになる。そして、ある人は命中に成功し、ある人は目標を眼前にしながら撃墜され攻撃に失敗したと推測される。連合国艦船を目前にしながら無念の涙を呑んだ人の方が、成功した人たちよりもはるかに多かったと推測する。

米軍は日本陸海軍による航空特攻を周到な準備で迎え撃っている。戦艦や航空母艦の主要艦は艦隊の中心に置かれる。一方、多くの各種駆逐艦は艦隊の外側に配置され、レーダーで日本陸海軍による航空特攻隊の行動を監視する。その情報を艦隊旗艦に伝え、航空母艦から発進した邀撃戦闘機を高層、中層、低層に配置し、航空特攻隊を待ち伏せする。この駆逐艦からのレーダー照射と戦闘機の邀撃体制を連合国軍は「ピケット」と呼んでいた。日本陸海軍による航空特攻隊は、まず、この水も漏らさぬ「ピケット」で一網打尽となる。

しかし、だからと言って、全てが「ピケット」の餌食になった訳ではない。かなり多くの特攻機は「ピケット」を掻い潜り艦隊の目標上空に到達をしているのである。特攻隊員の必死の意思が「ピケット」を突破させたのであろう。しかし、「ピケット」を掻い潜っても、そのつぎに艦船から発射される対空砲火は凄まじかった。米軍の記録映画を見ていると、海面すれすれの超低空で突入していく特攻機がある。超低空で突入して来る特攻機に対して各艦船はその手前の海面に主砲の砲弾を打ち込むのだそうである。そうすることで巨大な水柱の壁を作り特攻機を海面に叩きつけるのである。このようにして目標を目前にしながら、撃墜された特攻機も多い。

　一方、高空から突入する特攻機には第一章で記したVT信管の洗礼が待っている。この弾は飛行機に直接当たる必要はない。特攻機付近を通過すれば、飛行機の金属に信管が反応して炸裂するのである。その爆風と砲弾破片で日本軍特攻機は破壊される。だから命中率が頗《すこぶ》る高い。多くの日本軍特攻機はVT信管砲弾の餌食となっている。それでもなお、突入した日本軍特攻機も多くあった。しかし、その次に待っているのは、日本軍が「逆スコール」と称した熾烈な対空砲火である。下から吹き上げてくる、まるでスコールのような対空砲火であったらしい。これに当たらない方が奇跡である。それでもなお突入できた特攻機があった。しかし、突入できたものの航空母艦の甲板をすれすれに飛び越えて海没する特攻機が連合国軍の記録映画で多く映し出されている。甲板上でこの日本軍特攻機の行方を不安げに見守る米軍兵士が、海面への撃墜を見届けたと同時にはじけたように一斉に歓喜の拳を振り上げるシーンがある。容赦のない敗者と勝者の明暗である。

　急降下にさえ入れば命中の成功は限りなく高くなる。しかし、急降下は加速がついて浮力が付く。フワフワと機体が不安定になる。これを飛行機が「浮く」といっている。そのコントロールが大変だったようだ。だから最後まで飛行機を押さえ付けられずに目標を外した特攻機も多かったようだ。また、目標を完全にとらえても命中までは眼を見開いていなければならない。目を直前で閉じてしまえば、その瞬間に軸線がずれて目標を逸らしてしまう。数メートルの距離で目標から外れ海没する日本軍特攻機が連合国軍の記録フィルムに映し出されているが、これなどは、命中の瞬間に眼をつむったのかもしれない。命中とは想像を絶する苛酷で残忍な戦闘行為である。

日本軍特攻機の直接（至近も含む）の命中機は三八五機（筆者推計）ではあるが、連合国軍の記録が映し出す特攻シーンから、かなりの数の突入があったことは十分に推測できる。そして突入したものの、あるいは撃墜され、あるいは命中の一歩手前で失敗した特攻機もかなりの数にのぼると推測される。実は、このような状況下で、『特攻』（森本）や『カミカゼ』（原）が縷々記載している「間接被害」という状況が生起する。この「間接被害」による連合国軍の被害は看過できない。結構大きな数値となっている。「間接被害」は命中による被害ではない。特攻機が突入するに際して、連合国艦船に混乱が生じる。その結果、味方の同士撃ちや誤射による被害、また、回避行動の混乱から生じる味方同士の衝突や操艦ミスによる座礁、さらに特攻機から発射される機銃掃射や特攻機の破片による被害などである。そして、その「間接被害」による連合国軍艦船の被害総数は筆者推計で延二五六隻（実数二一一隻）にも及んでいる。結構大きな数字である。これらのことから、当然のことながら「間接被害」による「戦果」も数値に入れておく必要がある。

筆者は直接の命中とともに、「間接被害」も含む全ての連合国軍艦船の被害状況の総体を「奏功」と呼びたい。そして、「奏功」による被害総数は筆者推計で延五五八隻（実数四六四隻）に及ぶことになる。そこで「奏功」率を計算したいが、この場合その計算は不可能である。というのは、前記の特攻成功率（一四・八％）は命中した日本軍特攻機数を基準としている。ところが「間接被害」を生起させた特攻機数は分からない。今日の記録は連合国軍の被害艦船数である。基準とすべき数値の根拠が違う。だから「奏功」率の計算は不可能である。そこで、ここでは少々乱暴ではあるが、無理を承知のうえで、一隻の「間接被害」は日本軍特攻機一機の突入で生起したものとしておきたい。一機による突入の結果として二隻が衝突する場合がある。あるいは複数の突入の結果一隻が座礁する場合もあるし味方撃ちで一隻が被害を受ける場合もある。色々な状況が考えられるが、ここでは極めて単純に、一隻の「間接被害」は一機の突入の結果で生起したと一応しておきたい。「間接被害」の総数は延二五六隻（実数二一一隻）であることから、これは「二五六」機の日本軍特攻機の突入の結果によるものとしておきたい。そこで「奏功」率を計算すると、日本軍特攻機二、五八三機、命中三八五機、間接被害機「二五六」機、特攻「奏功」機の合計数は合計「六四一」機（推測）であることから、「奏功」率は二四・八％ということになる。

命中の一四・九％は確かに低い。二、五八三機に対してその大半の二、一九八機が邀撃されたことになる。これは連合国軍の圧倒的勝利を意味している。しかし「奏功」率から「戦果」を見た場合は少し様子が違ってくる。少なくとも四機に一機が何らかのかたちで連合国軍艦船に被害を与えたことになる。先述したように、現実の数値はこれよりも下回ると考えられるが、それにしても侮りがたい数値である。これが、戦後でさえも米軍報告書が、日本陸海軍による航空特攻に対して看過できない警告を発した所以である。「奏功」から特攻を見た場合、日本陸海軍による航空特攻は相当な「戦果」を残したことになる。ところで、このことは特攻という作戦の正当性を証明しようとするものではない。そうではなく、特攻隊員たちの、その時に果たした使命の重みを証明するものである。

ここで断っておきたい。本章で特攻の「奏功」率に言及しているが、筆者分析方法は結果としてかなり高い率になる危惧がある。その理由は、すでに述べたように、筆者手許の三資料の「足し込み」集計に拠るからである。この方法を採ると、参考資料が多いほど、「奏功」数が「足し込み」という方法により膨らんでいき「奏功」率が高くなるという結果を生む。参考資料が多ければ多いほどより正確な集計が可能であるが、その場合は資料間にズレがないという前提が必要である。今回の分析では各資料間の「ズレ」が相当に大きいことを承知のうえで、各資料の「足し込み」による集計であることから、本稿の「奏功」率は相当に高い数値になる危惧があり、あくまで筆者推計の参考数値であることをあらためて断っておく。なお、このことについて、本章末尾に補遺を行っておく。

それでは以上のことを具体的なデータで見ておきたい。大変煩わしくはあるが、月日別に連合国軍艦船の被害状況をつぎに記しておきたい。

〔凡例〕 被害艦船であるが、「戦」は戦艦、「空」は航空母艦（護衛空母を含む）、「巡」は巡洋艦、「駆」は駆逐艦、「揚」は揚陸艦、「輸」は輸送船（タンカーを含む）、「他」はその他の雑艦とする。また『B29』への空中特攻は含まず。

【一九四四年九月】
13日　出撃　2機（陸2海0）　被害記録なし

日本陸海軍による航空特攻の嚆矢《こうし》は一〇月二五日、海軍神風特攻の関行男（大尉）ら敷島隊等によるものと通史では言われている。また、陸軍航空特攻の嚆矢は、一一月五日の万朶隊の岩本益臣（大尉）と通史では言われている。ところで、資料の中にはそれよりも一ヶ月も早い九月一三日に陸軍飛行第三十一戦隊の小佐井武士（大尉）と山下光義（軍曹）の『一式戦　隼』二機による特攻を記しているものがある。

【一九四四年一〇月】
19日　出撃　3機（陸3海0）　被害記録なし
21日　出撃　1機（陸0海1）　命中0機　間接被害1隻（巡1）
23日　出撃　1機（陸0海1）　命中0機
24日　出撃記録なし　命中0機　間接被害3隻（揚1輸1他1）
25日　出撃　16機（陸0海16）　命中9機　命中被害8隻（空8）　間接被害1隻（空1）
26日　出撃　7機（陸0海7）　命中2機　命中被害1隻（空1）
27日　出撃　10機（陸0海10）　命中3機　命中被害2隻（空1巡1）　間接被害2隻（輸2）

28日　出撃　1機（陸0海1）　命中1機　命中被害1隻（巡1）
29日　出撃　13機（陸0海13）　命中1機　命中被害1隻（空1）
30日　出撃　8機（陸0海8）　命中4機　命中被害3隻（空3）

一〇月二五日の関行男（大尉）らの「戦果」は出撃一六機のうち九機が命中に成功している。そして護衛航空母艦一隻が沈没している。米海軍の被害は甚大であった。この日の成功がその後の特攻の継続を決定づけたとされている。だからこれが特攻の嚆矢とされている。しかし、すでに記したように九月一三日には陸軍による航空特攻の実績がすでにある。海軍においても、関行男らより二日前の二三日に一機の未帰還機がある。搭乗員は海軍神風大和隊の佐藤馨（上飛曹）である。さらにその二日前の二一日には一機の『零戦』が特攻出撃し未帰還となっている。搭乗員は海軍神風大和隊の久納好孚（中尉）である。これを海軍神風特攻の実質的な始まりであるとする資料も多い。ところで、佐藤馨は予科練（海軍飛行予科練習生）出身の下士官、久納好孚は中央大学出身の予備士官である。一方、関行男は海軍兵学校出身の士官である。海軍では何事も兵学校出身の士官が率先垂範しなければならなかったようだ。こんなことが、特攻の嚆矢が誰であったかにも影響していると言われている。

ところで、二一日（この日、久納好孚が出撃）には米軍で特攻による被害が記録されているが、これが久納好孚の「戦果」であるかどうかは不明であると言われている。

【一九四四年一一月】

1日　出撃　8機（陸0海8）　命中5機　命中被害5隻（駆5）
2日　出撃記録なし　間接被害1（輸1）
5日　出撃　5機（陸1海4）　命中1機　命中被害1（空1）
6日　出撃　3機（陸0海3）　命中0機
7日　出撃　1機（陸1海0）　命中0機
11日　出撃　3機（陸0海3）　命中0機
12日　出撃　22機（陸4海18）　命中7機　命中被害5隻（輸5）　間接被害2隻（他2）
13日　出撃　6機（陸2海4）　命中0機
14日　出撃　2機（陸0海2）　命中0機
15日　出撃　2機（陸2海0）　命中0機
17日　出撃記録なし　命中1機　命中被害1隻（輸1）　間接被害1隻（揚1）
18日　出撃　7機（陸4海3）　命中3機　命中被害3隻（輸3）　間接被害1隻（輸1）
19日　出撃　9機（陸0海9）　命中1機　命中被害1隻（輸1）
21日　出撃　1機（陸0海1）　命中1機　命中被害1隻（輸1）
23日　出撃記録なし　命中0機　間接被害1（揚1）
24日　出撃　2機（陸2海0）　命中0機
25日　出撃　31機（陸1海30）　命中6機　命中被害3隻（空3）　間接被害1（空1）

26日　出撃　10機（陸6海4）　命中0機
27日　出撃　28機（陸10海18）　命中6機　命中被害4隻（戦1巡2他1）
29日　出撃　6機（陸6海0）　命中1機　命中被害1隻（戦1）　間接被害2隻（駆2）

この月は、本稿の各章で紹介した陸軍航空特攻の万朶隊、富嶽隊、靖国隊などが相次いで出撃している。

ところで、一一月二日、一七日、二三日は日本軍には特攻出撃の記録はないが、米軍には特攻による被害が記録されている。

【一九四四年一二月】

4日　出撃　1機（陸0海1）　命中0機
5日　出撃　15機（陸13海2）　命中3機　命中被害3隻（駆2輪1）　間接被害3隻（輪1他2）
6日　出撃　4機（陸2海2）　命中0機
7日　出撃　44機（陸23海21）　命中9機　命中被害7隻（駆2揚3輪2）　間接被害1隻（揚1）
8日　出撃　1機（陸1海0）　命中0機
10日　出撃　9機（陸9海0）　命中3機　命中被害3隻（揚1輪2）　間接被害2隻（駆

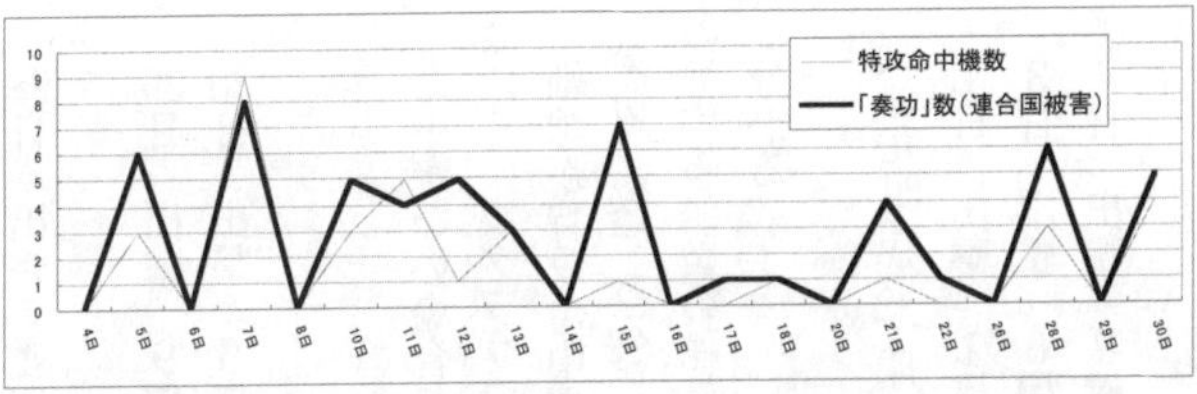

　　1他1）
11日　出撃　6機（陸0海6）　命中5機　命中被害3隻（駆3）間
　　接被害1隻（他1）
12日　出撃　3機（陸3海0）　命中1機　命中被害1隻（駆1）間
　　接被害4隻（駆1揚3）
13日　出撃　8機（陸4海4）　命中3機　命中被害3隻（巡1駆2）
14日　出撃　26機（陸9海17）　命中0機
15日　出撃　24機（陸1海23）　命中1機　命中被害1隻（空1）間
　　接被害6隻（駆3揚2他1）
16日　出撃　17機（陸5海12）　命中0機
17日　出撃　3機（陸3海0）　命中0機　間接被害1隻（他1）
18日　出撃　2機（陸2海0）　命中1機　命中被害1隻（他1）
20日　出撃　5機（陸5海0）　命中0機
21日　出撃　9機（陸9海0）　命中1機　命中被害1隻（輸1）間
　　接被害3隻（駆1揚2）
22日　出撃　5機（陸5海0）　命中0機　間接被害1隻（駆1）
25日　出撃　1機（陸1海0）　被害記録なし
26日　出撃　4機（陸1海3）　命中0機

28日　出撃　4機（陸0海4）　命中3機　命中被害3隻（輪2揚1）　間接被害3隻（駆1輪1他1）
29日　出撃　9機（陸5海4）　命中0機
30日　出撃　6機（陸6海0）　命中4機　命中被害4隻（駆2輪1他1）　間接被害1隻（他1）

命中がない場合でも、「間接被害」による連合国軍艦船の被害が多い。数字では少し分かりにくい。グラフでイメージ化してみたい。
細線が特攻命中機数、太線が「間接被害」も含めた連合国軍艦船の被害状況、すなわち「奏功」数である。少々乱暴な謂いであるが、それぞれの線内の面積が命中機数と連合国軍の被害艦船数の総量とした場合、命中機数に比して連合国軍艦船の被害状況が結構大きいのが分かる。

【一九四五年一月】
1日　出撃　1機（陸0海1）　命中0機
3日　出撃　6機（陸2海4）　命中2機　命中被害2隻（揚1輪1）
4日　出撃　3機（陸3海0）　命中3機　命中被害3隻（空2輪1）　間接被害3隻（駆1輪1他1）

5日　出撃25機（陸7海18）　命中12機　命中被害11隻（空2巡2駆3他4）
6日　出撃48機（陸6海42）　命中21機　命中被害16隻（戦2巡4駆7輪1他2）　間接被害1隻（駆1）
7日　出撃13機（陸4海9）　命中4機　命中被害4隻（空1揚1輪2）　間接被害2隻（他2）
8日　出撃15機（陸14海1）　命中3機　命中被害2隻（空2）　間接被害2隻（巡1揚1）
9日　出撃10機（陸4海6）　命中5機　命中被害5隻（戦2巡2駆1）　間接被害1隻（輪1）
10日　出撃8機（陸8海0）　命中2機　命中被害2隻（駆1輪1）　間接被害5隻（駆1揚2輪2）
11日　出撃記録なし　命中0機　間接被害2隻（揚1輪1）
12日　出撃29機（陸29海0）　命中4機　命中被害4隻（駆2輪2）　間接被害9隻（駆1揚3輪5）
13日　出撃2機（陸2海0）　命中1機　命中被害1隻（空1）
14日　出撃1機（陸1海0）　詳細不明
15日　出撃1機（陸0海1）　命中0機
16日　出撃記録なし　命中0機　間接被害2隻（揚2）

21日　出撃　11機（陸0海11）　命中4機　命中被害3隻（空2駆1）
23日　出撃　1機（陸1海0）　詳細不明
25日　出撃　1機（陸0海1）　詳細不明
27日　出撃　4機（陸4海0）　詳細不明
29日　出撃　2機（陸2海0）　詳細不明
31日　出撃　1機（陸0海1）　詳細不明

一月一一日と一六日は、日本側記録には特攻出撃の事実はない。しかしながら、各種の資料には特攻により「間接被害」の被害が記録されている。特攻隊によるものではなく、通常攻撃部隊による咄嗟の体当り攻撃であったのかもしれない。

【一九四五年二月】
18日　出撃記録なし　命中0機　間接被害2隻（駆1輪1）
21日　出撃　21機（陸0海21）　命中10機　命中被害4隻（空3輪1）　間接被害7隻（空1駆1揚3輪2）

二月でフィリピンでの航空特攻は一応の終止符が打たれる。翌月の三月からは沖縄が航空特攻の主な舞台となる。

【一九四五年三月】

1日　出撃3機（陸2海1）命中0機

11日　出撃15機（陸0海15）命中1機　命中被害1隻（空1）

18日　出撃30機（陸0海30）命中1機　命中被害1隻（空1）間接被害2隻（空2）

19日　出撃19機（陸0海19）命中0機　間接被害2隻（空2）

20日　出撃11機（陸0海11）命中2機　命中被害1隻（巡1）間接被害1隻（空1）

21日　出撃55機（陸0海55）命中0機

24日　出撃1機（陸0海1）命中0機

25日　出撃5機（陸0海5）命中3機　命中被害3隻（駆2輪1）間接被害2隻（駆1輪1）

26日　出撃10機（陸10海0）命中0機

27日　出撃24機（陸11海13）命中3機　命中被害2隻（他2）間接被害13隻（戦1巡1駆8揚1輪2）

28日　出撃5機（陸5海0）命中0機

29日　出撃8機（陸6海2）命中0機

30日　出撃1機（陸1海0）命中0機

31日　出撃3機（陸3海0）命中1機　命中被害1隻（巡1）間接被害4隻（駆1揚

2輪1）

三月一一日は海軍神風特攻の梓《あずさ》特別攻撃隊が出撃している。ここでは一五機の出撃となっているが、今日に残る「戦闘詳報」（第二次丹作戦戦闘詳報）では一四機の出撃となっている。当然この場合は当時の「戦闘詳報」に依拠すべきと思われるが、「戦闘詳報」は作戦終了の二〇日後に書かれている。それ以降に分かった消息は反映されないことになる。だから、戦後の資料が正確な場合もある（拙著『神風よ鎮め』元就出版社 二〇〇六年）。

二一日は海軍神風特攻の神雷特別攻撃隊が出撃している。『桜花』というロケット推進の特攻専用機の出撃である。『桜花』は『一式陸上攻撃機』という大型双発機の胴体下に懸架され目標上空で特攻隊員が乗り込み、そして切り離される構造になっている。鈍重な大型双発機による特攻である。大型機による特攻の成功率は極めて低い。当時でさえこんなことは分かっていた。すでに事例がある。本稿第二章の陸軍の富嶽隊『四式重爆 飛龍』による特攻である。成功はゼロで終わっている。海軍も同じ轍を踏んでいる。一八機の『一式陸攻』のうち一五機の胴体下に『桜花』を懸架した大規模な出撃であった。しかし、「戦果」はない。一六〇名の多くの生命が米軍の邀撃戦闘機群により一瞬にして大空に消えていった。隊長である中野五郎（少佐）には結果はすでに分かっていたと言われている。それを承知でこの人たちは命令だから従った。人命と機材が無駄に使われた。日本軍はこれまでの反省を全くすることなく、また、前例の責任を放置したままで、陸軍と海軍が互いに我を張り合い縄張り争いしながら、同じ失敗を性懲りもなく幾度となく繰り返している。これは戦《いくさ》をする以前の問題だ。日本陸海軍は戦をする組織にはなっていなかった。内部に巣食った官僚主義と無責任が若い命を奪い、そして日本を滅亡に導いた。

【一九四五年四月】
1日　出撃　31機（陸21海10）命中4機　命中被害4隻（戦1空1揚1輪1）間接被害8隻（戦1空2駆1揚1輪3）
2日　出撃　28機（陸12海16）命中3機　命中被害3隻（駆1輪2）間接被害8隻（駆3揚2輪3）
3日　出撃　41機（陸20海21）命中0機　間接被害4隻（空2駆1他1）
4日　出撃　1機（陸0海1）命中0機　間接被害2隻（駆1輪1）
5日　出撃　3機（陸1海2）命中0機　間接被害2隻（駆2）
6日　出撃　225機（陸64海161）命中34機　命中被害22隻（空1駆17揚1他3）間接被害18隻（戦1空1巡1駆2揚3輪3他7）
7日　出撃　58機（陸24海34）命中3機　命中被害3隻（戦1空1駆1）間接被害7（駆3揚2輪1他1）
8日　出撃　10機（陸10海0）命中4機　命中被害2隻（駆1ほか）間接被害1隻（駆1）

9日　出撃　5機（陸5海0）　命中4機　命中被害4隻（駆1揚2他1）　間接被害2隻（空1駆1）
10日　出撃　1機（陸1海0）　命中0機
11日　出撃　38機（陸8海30）　命中5機　命中被害5隻（戦1空1駆3）　間接被害7（駆4輸2他1）
12日　出撃　120機（陸51海69）　命中19機　命中被害16隻（戦2駆11揚1他2）　間接被害5隻（揚1輸2他2）
13日　出撃　20機（陸18海2）　命中0機　間接被害1隻（駆1）
14日　出撃　46機（陸2海44）　命中3機　命中被害3隻（戦1駆1他1）　間接被害4隻（駆2揚1他1）
15日　出撃　4機（陸2海2）　命中4機　命中被害1隻（駆1）　間接被害4隻（駆1輸1他2）
16日　出撃　157機（陸51海106）　命中16機　命中被害11隻（戦1空1駆7揚1輸1）　間接被害4隻（揚4）
17日　出撃　17機（陸2海15）　命中0機　間接被害1隻（駆1）
18日　出撃　3機（陸3海0）　命中0機
22日　出撃　46機（陸43海3）　命中8機　命中被害8隻（駆5他3）　間接被害1隻（他1）

23日　出撃　2機（陸2海0）命中0機
25日　出撃記録なし　命中0機　間接被害1隻（駆1）
26日　出撃　4機（陸4海0）詳細不明
27日　出撃　8機（陸8海0）命中3機　命中被害2隻（駆1輪1）間接被害3隻（駆2輪1）
28日　出撃　68機（陸49海19）命中8機　命中被害7隻（駆3揚1輪3）間接被害5隻（駆5）
29日　出撃　44機（陸15海29）命中4機　命中被害4隻（駆4）
30日　出撃　1機（陸1海0）命中1機　命中被害1隻（他1）間接被害1隻（駆1）

四月二八日の被害の中に三隻の輸送船が含まれている。そのうちの二隻は病院船『コンフォート』と負傷者運送船『ピンクニー』である。資料によっては命中被害とも間接被害とも記している。その当時においても病院船への攻撃は国際法違反である。もし命中なら国際法を犯したことになる。デニス・ウォーナー『ドキュメント神風』（時事通信社　一九八二年）によると、病院船『コンフォート』に陸軍特攻機が命中し医師や看護師を死傷させたとしている。突入したのはどの部隊の誰であったのかのおよその見当は『特攻データベース』（筆者）から推測可能である。戦場での混乱による錯誤から生じたものと考えられる。病院船と分かったうえでの突入ではないと信じたい。なお、連合国軍の病院船被害はこの日だけである。それ以外の記録はない。かなり周到な計画と準備により、病院船への特攻回避は徹底されていたようだ。

【一九四五年五月】

1日　出撃　2機（陸2海0）　命中0機
3日　出撃　21機（陸17海4）　命中13機　命中被害5隻（駆3揚1他1）　間接被害1隻（駆1）
4日　出撃　105機（陸45海60）　命中17機　命中被害12隻（空3巡1駆5揚2他1）　間接被害9隻（駆8他1）
5日　出撃記録なし　命中0機　間接被害1隻（駆1）
6日　出撃　12機（陸12海0）　命中0機　間接被害2隻（他2）
7日　出撃　1機（陸1海0）　詳細不明
9日　出撃　16機（陸5海11）　命中5機　命中被害4隻（空2駆2）
10日　出撃　1機（陸1海0）　命中0機　間接被害2隻（駆1他1）
11日　出撃　86機（陸36海50）　命中11機　命中被害5隻（空1駆2揚1輸1）
12日　出撃　4機（陸4海0）　命中2機　命中被害1隻（戦1）　間接被害1隻（巡1）
13日　出撃　13機（陸6海7）　命中1機　命中被害1隻（駆1）　間接被害1隻（駆1）
14日　出撃　25機（陸3海22）　命中1機　命中被害1隻（空1）

15日　出撃　4機（陸0海4）　命中0機
17日　出撃　8機（陸7海1）　命中1機　命中被害1隻（駆1）
18日　出撃　11機（陸11海0）　命中2機　命中被害1隻（輪1）
20日　出撃　15機（陸15海0）　命中4機　命中被害4隻（駆2輪2）　間接被害2隻（揚1輪1）
21日　出撃　7機（陸7海0）　命中0機
24日　出撃　36機（陸15海21）　命中4機　命中被害4隻（駆2輪1他1）　間接被害6隻（駆3揚2輪1）
25日　出撃　76機（陸65海11）　命中4機　命中被害3隻（駆1輪2）　間接被害1隻（駆1）
26日　出撃　8機（陸8海0）　命中3機　命中被害2隻（駆1他1）　間接被害3隻（駆2他1）
27日　出撃　30機（陸14海16）　命中5機　命中被害3隻（駆2輪1）　間接被害10隻（駆3輪3他4）
28日　出撃　52機（陸45海7）　命中2機　命中被害2隻（駆1他1）　間接被害4隻（輪3他1）
29日　出撃　8機（陸6海2）　命中0機　間接被害3隻（揚1輪1他1）
31日　出撃　1機（陸1海0）　命中0機

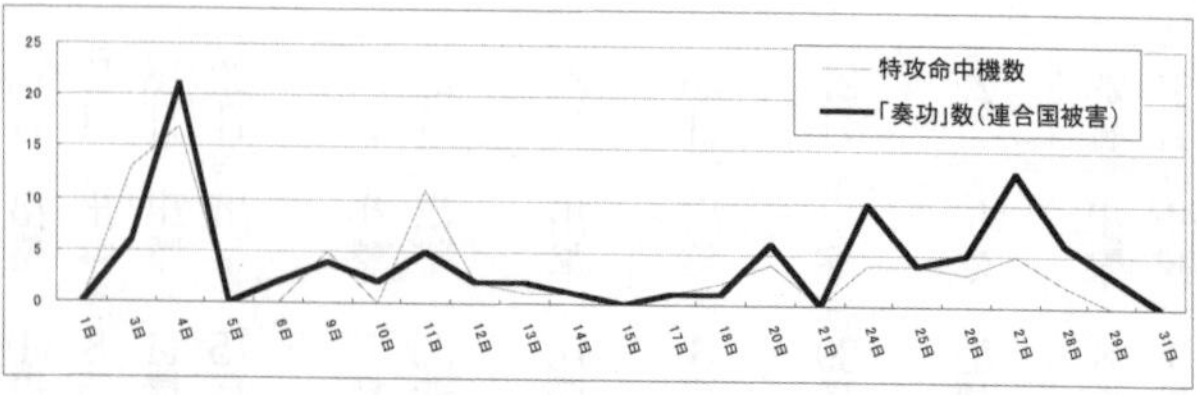

この月の命中機数と連合国艦船の被害状況もグラフでイメージ化したい。

五月九日と一一日は命中機数に比べて連合国艦船の被害は少ない。しかし、この月の全体を眺めてみると、命中機数の割には、連合国艦船の被害がそれなり高いのが分かる。

【一九四五年六月】

1日　出撃　3機（陸3海0）　命中0機
2日　出撃　1機（陸1海0）　被害記録なし
3日　出撃　30機（陸27海3）　命中0機　間接被害3隻（輸1他2）
5日　出撃　4機（陸4海0）　命中2機　命中被害2隻（戦1巡1）
6日　出撃　33機（陸33海0）　命中2機　命中被害2隻（駆2）　間接被害5隻（空1駆1輸1他2）
7日　出撃　10機（陸8海2）　命中0機　間接被害1隻（駆1）
8日　出撃　13機（陸13海0）　命中0機
10日　出撃　3機（陸3海0）　命中1機　命中被害1隻（駆1）

11日　出撃　12機（陸12海0）命中2機　命中被害2隻（輪1他1）　間接被害2隻（巡1他1）
16日　出撃　1機（陸1海0）命中0機　間接被害1隻（駆1）
21日　出撃　16機（陸4海12）命中3機　命中被害3隻（駆1揚1他1）　間接被害2隻（駆1揚1）
22日　出撃　26機（陸11海15）命中2機　命中被害2隻（揚2）　間接被害1隻（駆1）
25日　出撃　14機（陸3海11）命中0機　間接被害1隻（他1）
27日　出撃　1機（陸0海1）命中0機
28日　出撃　1機（陸0海1）命中0機

六月二五日に日本陸海軍による航空特攻の一四機が出撃している。しかし、命中はない。連合国艦船に「間接被害」さえ与えていない。

この日、陸軍は『四式重爆『飛龍』三機による出撃である。すでに第二章の富嶽隊で述べたように、いかに新鋭機といえども大型双発機による特攻は無理である。鈍重で大型であることから、邀撃にも対空砲火にも無力である。

同日海軍は『機上作業練習機　白菊』（以下『白菊』）五機による出撃があった。操縦者の練習機ではない。大型機に搭乗する機上射手、偵察員、通信員などの練習機である。『白菊』は速度や運動性は端から要求されていない。機上作業練習機だから必要ない。大勢が乗

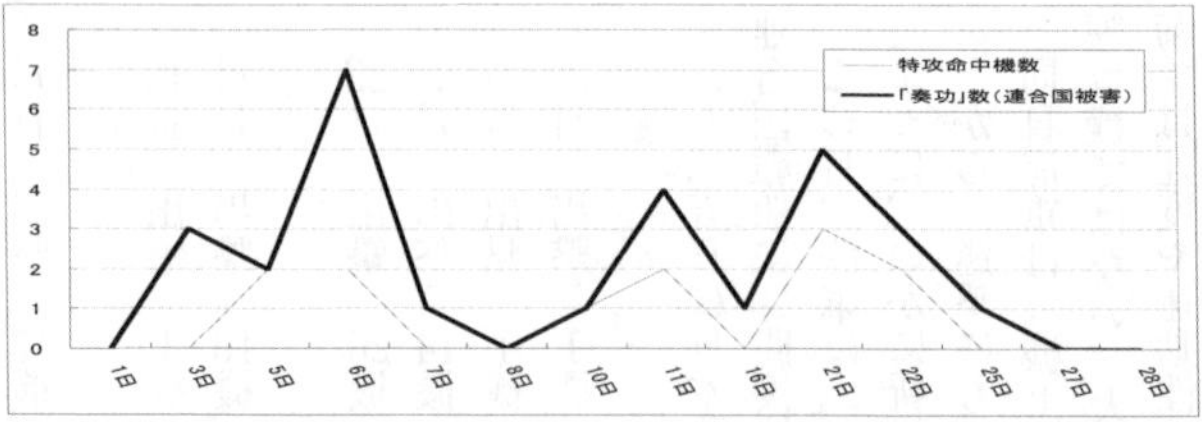

り込むことから機体は単発のわりには大型である。さらに鈍足鈍重である。『白菊』は撃墜されるために出撃したようなものである。この日は、『零式水上観測機』六機も出撃している。フロート付きの複葉の観測（偵察）機である。低速であることに本機の特徴がある。戦闘能力は端から要求されていない。『零式水観』での特攻成功は端から無理であり無茶である。特攻隊員の必死の努力も決して報われることはない。だから、この日の「戦果」はゼロであった。

しかし、この日以外では、命中機数のわりには連合国軍の被害（直接・間接被害）は相当に大きくなっている。グラフにしておく。

【一九四五年七月】

1日　出撃　4機（陸4海0）　命中0機

3日　出撃　1機（陸0海1）　命中0機

8日　出撃　1機（陸1海0）　命中0機

19日　出撃　6機（陸6海0）　命中3機　命中被害2隻（駆2）

25日　出撃　4機（陸0海4）　命中0機

26日　出撃　2機（陸2海0）　命中1機　命中被害1隻（他1）

28日　出撃　1機（陸1海0）　被害記録なし

29日　出撃　5機（陸0海5）　命中2機　命中被害2隻（駆2）
30日　出撃　2機（陸0海2）　命中0機　間接被害2隻（駆1輸1）

七月二九日には、日本軍特攻機の命中で一隻の駆逐艦が沈没している。これが日本陸海軍による航空特攻による連合国軍艦船の最後の沈没となった。その艦名は文献資料によっては『カラハン』とも、或いは『キャラガン』とも記されている。資料の突き合わせから両艦は同一艦と推測できる。

ところで、この『カラハン』を沈めたのは海軍神風特攻第三竜虎隊の五名（五機）の『九三式中間練習機』の一機である。この五名はそれまでの特攻の生還者であったらしい。生還には色々の事情があったはずである。特攻忌避もあったかもしれない。一方、飛行機の整備不良、あるいはエンジントラブルによるやむを得ない引き返しもあったであろう。しかし、陸海軍とも理由の如何を問わず生還者には「卑怯者」としての制裁をしたと多くの論者は言う。

この第三竜虎隊もそんな状況下での出撃であったようだ。この人たちにあてがわれた兵装は複葉布張りの練習機である。この飛行機での特攻成功は限りなくゼロに近い。しかし、第三竜虎隊の人たちには意地があった、矜持もあった。だから奇跡が起こった。駆逐艦『カラハン』への命中とその轟沈である。

【一九四五年八月】

9日　出撃　14機（陸1海13）　命中1機　命中被害1隻（駆1）
13日　出撃　16機（陸6海10）　命中1機　命中被害1隻（他1）
15日　出撃　10機（陸0海10）　命中0機
19日　出撃　9機（陸9海0）　命中0機

日本陸海軍による航空特攻の掉尾は八月一九日の陸軍航空特攻の神州不滅特別攻撃隊による出撃である。八月一五日の終戦から四日後の特攻である。筆者にはこの特攻に特別な思いがある。本稿の最終章に記す。

以上の一年間に及ぶ日本陸海軍の航空特攻による連合国軍の被害状況を一覧にするとつぎのようになる。

〔日本側の消耗〕

日本陸海軍航空特攻の総出撃数	二、五八三機
内　命中機数（至近命中を含む）	三八五機
「間接被害」を与えた機数	二五六機（筆者推測）

〔連合国軍被害〕

	命中被害	「間接」被害	合　計（内沈没）
戦艦	一七隻	五隻	二二隻（〇隻）
正規空母	一九隻	一〇隻	二九隻（〇隻）
護衛空母	二六隻	五隻	三一隻（三隻）
巡洋艦	一六隻	六隻	二二隻（〇隻）
駆逐艦	一二四隻	八六隻	二一〇隻（一七隻）
揚陸艦	二〇隻	四五隻	六五隻（一八隻）
輸送船	四八隻	五四隻	一〇二隻（一九隻）
その他	三二隻	四五隻	七七隻（一四隻）
合計	延三〇二隻	延二五六隻	延五五八隻（六一隻）

これが、日本陸海軍による航空特攻の総決算である。沈没は六一隻となっている。被害のわりには沈没が少ない。航空特攻は爆撃の一種である。もともとは轟沈を目的としていない。轟沈のためには船腹破壊のために喫水線を狙う超低空の突入が有効であるが、これが困難であったようだ。さらに命中に成功しても米海軍の艦船群は頑丈であった。だから簡単に沈まない。また、米海軍の消火活動は驚異的であった。火災が発生しても瞬《また》く間に消してしまう。驚くべき実力である。六一隻の沈没はそんな中での「戦果」である。さすがの米海軍も消火に失敗した例もあった。例えば五月一一日の航空母艦『バンカーヒル』である。二機の日本

軍特攻機の命中で火災が発生し沈没しなかったものの、相当に重篤な被害を蒙っている。同じく航空母艦『フランクリン』は二発の命中弾（特攻攻撃ではない）で大火災を起こし沈没は免れたものの再起不能となった。ところで驚くべきことに『フランクリン』はズタズタのドロドロになりながらも自力でニューヨークのドックに還っている。『フランクリン』がマンハッタン橋を通過する写真がある。岸には摩天楼が聳え立つ。深く傷ついた航空母艦を平和の象徴である摩天楼が優しく慈しむように迎え入れている、そんな風に見える（原勝洋編著『カラーで見る太平洋戦争筆録』KKベストセラーズ二〇〇〇年）。一方、太平洋を隔てた遙か向こうでは、寄る辺なき日本軍特攻が業火に必死の身を晒し戦っている。このコントラストが切ない。

断っておきたいことがある。連合国軍の被害艦船数は延数である。重複で被害を受けた艦船数は延一六五隻（実数七一隻）となっている。ついでながら、このうち四隻が沈没している。重複被害のわりには沈没が少ない。連合国軍艦船、わけても米海軍艦船はとにかく頑丈であった。

「戦果」の分析を試みてフト感じことがある。全体の印象として、特攻という限られた領域ではあるが、日本陸海軍による航空特攻は連合国軍と対等に戦ったといっていいだろう。見方によっては連合国軍に勝利していたのかもしれない。筆者はそのように考える。

繰り返し断っておきたい。筆者は本稿で特攻を褒め称えることを目的としていない。戦争とは得と損の損得勘定である。戦いの中で「負け」を引いた「勝ち」の残りの得が勝利であり、そのためには緻密な戦略と戦術が組み立てられ、最後に多くの兵士が生き残ることが勝利の条件である。しかし日本陸海軍の戦には、勝利のための戦略もなければ戦術もなかった。ありもしない「神霊の加護」をひたすらに祈り、兵士に「悠久の大義」を説くことによって死への正当性を強要した（拙著『神風《かぜ》よ鎮め』元就出版社　二〇〇六年）。いかに困難な作戦でも生還への道が開かれていればこそ兵士に勇気を与える。しかし、航空特攻には端から生還の道が閉ざされていた。日本軍といえども生還の道が閉ざされた戦《いくさ》の伝統はない。これはもはや戦の仕切りではない。日本軍でさえ特攻を「外道の統帥」とした所以である。米軍は特攻を「自殺攻撃」と呼んでいた。屈辱的な表現である。特攻ほど人を侮蔑した戦の仕切りはない。だから、特攻は何の意味もない無駄な作戦であった。しかしながら、筆者が敢えてここに特攻隊員が残した「戦果」にこだわるのは、この人たちの短かった人生の中で、この人たちに課せられた壮絶な使命の結果を、冷静に客観的に、そして静かに記しておきたかった。そうすることが、この人たちへのせめてもの供養と考えたからに他ならない。

〔追記〕

本文で特攻の「奏功」について、筆者が参考とした三資料による「足し込み」集計であることから、数値としてはかなり高い数値になることの断りを入れておいた。そこで、参考までに、三資料のうち、二資料に共通の被害だけを取り出し、一資料のみに記載されている被害を不採用とした場合の集計をした。その結果はつぎのとおりとなった。

命中機数	三四一機	（本文三八五機）
間接被害命中機数	一六五機	（本文二五六機）
合計	五〇六機	（本文六四一機）

この場合でも、「奏功」率は一九・五％となる。

拙著『元気で命中に参ります』（元就出版社 二〇〇四年）では、森本忠夫『特攻』（文藝春秋 一九九二年）だけを底本として集計したが、その場合の「奏功」率は二二・三％となった。

以上のことからも、いずれの数値も決して「低い」とはいえないと筆者は考えている。ただし、これもあくまで参考数値であることを断っておく。

おわりに――苦《にが》い特攻

【さくら弾】

本稿を終えるにあたって、陸軍航空特攻での二つの悲話に触れておきたい。それは、戦後六六年経った今も筆者（私）にとって、胸の奥底にわだかまる、苦い特攻の現実である。

『四式重爆 飛龍』については第一章で縷々述べてきた。富嶽隊では『四式重爆 飛龍』が「特攻機」に改修されている。この『四式重爆撃機 飛龍』の事後談を記しておきたい。終戦直前に忌まわしい事件が起こっている。

「特攻機」に改修された『四式重爆 飛龍』兵装の富嶽隊は結局のところ何の戦果も残していない。まさに無駄な用兵であったといえる。そもそも重爆撃機による特攻には無理がある。『四式重爆 飛龍』がいかに高速であっても、大型機であるがゆえに鈍重であったことには変わりはない。爆撃機とはそういうものだ。機体も大きい。だから邀撃する側は照準が合わせやすい。空中戦や対空砲火には無力である。だから重爆撃機には銃座が要るが、富嶽隊の『四式重爆 飛龍』はその銃座が取り外されている。結局は撃墜されるために飛び立ったようなものだ。フィリピンの富嶽隊はそのことを実証した。だから、陸軍はその後の特攻では、このような大型機による改修「特攻機」での出撃をしていない。小型の戦闘機や襲撃機による特攻運用だけにした。この方が効果的であったということだ。しかしである。陸軍は同じ愚を繰り返している。富嶽隊から半年後の沖縄での特攻作戦のことである。

一九四五年（昭和二〇）四月一七日と五月二五日の両日に亘って飛行第六十二戦隊の『四式重爆 飛龍』が特攻出撃している。またしても改修「特攻機」での出撃である。これを『さくら弾』機と呼んでいる。富嶽隊の改修「特攻機」と違って改修は徹底している。さくら弾とはお椀のような形をした大型の特殊弾である。特殊鋼で作られた「椀」状の容器のなかに大量の炸薬が仕込まれている。爆発が四方に拡散するのではなく、その「椀」により爆発威力が一定の方向に指向するように作られている。「椀」の開口部は飛行機の進行軸に向けられていることから、爆発の威力は飛行機の進行方向すなわち前方に集中する仕組みになっている。体当りと同時に爆発の威力が前方に集中する。こんな爆弾が操縦席後方の胴体内に固定着装されている。「椀」状の大型爆弾であることから、スマートな『四式重爆 飛龍』は内にはそのままでは収まらない。だから第六十二戦隊の『四式重爆 飛龍』は操縦席後方に「瘤《こぶ》」のような大きな突起状の構造物が増設され、その中にさくら弾が収められている。外観は見るからに不恰好だ。

優秀な軍用機の形状はスマートで精悍である。連合国軍機でも日本機でも有能な飛行機は全てそうである。そしてどこかに愛嬌もある。『四式重爆 飛龍』も例外ではない。もともとは実に美しい飛行機である。当時の技術の粋が凝縮されている。しかし、富嶽隊の『四式重爆 飛龍』からはこの美しさが消え去っている。むしろ痛々しい。第六十二戦隊の『四式重爆 飛龍』の『さくら弾』機に至っては、不恰好を通り越して武骨で醜くグロテスクだ。まさに断末魔の様相だ。

さくら弾の総重量は三トンと言われている。『四式重爆 飛龍』の最大積載は八〇〇kgであるから標準機の四倍弱の爆装となる。エンジンの負担が大きくなったようだ。こんな爆弾が操縦席うしろに固定着装されることから、飛行機の重心位置が後方にずれたようだ。それだけ操縦が難しくなる。さらに、これを覆う大きな瘤状の構築物が増設されている。その分空気抵抗が高くなり、さらに瘤による乱気流が生まれ機体が不安定になる。林えいだい『重爆特攻さくら弾機』（東方出版 二〇〇五年 以下『重爆特攻』林）によると、『さくら弾』機の空輸中に少なくとも三機が原因不明の墜落事故を起こしている。空中勤務者の技量の問題もあるが、むしろ飛行機の欠陥が原因であったようだ。

一九四五年（昭和二〇）四月二五日と推測する。一機の『さくら弾』機が岐阜県各務原で着陸に失敗して墜落、二名が殉職している。その機長は岡田一郎（曹長）であった。脱落したエンジンに下半身が巻き込まれて即死であったという。特攻戦死とはなっていない、殉職である。その岡田一郎が特攻隊員に選ばれた覚悟を記した遺書を残している。殉職一〇日前の四月一五日の日付となっている。『重爆特攻』（林）に原本コピーが掲載されている。筆者読み下しのうえ引用させていただく。（文中●は筆者判読不可）

父母上様

遺書

岡田曹長

攻撃に門出の朝　思い出いづるまゝ一筆書残します。

今の度　榮ある特別攻撃隊員の一人として沖縄撃襲《ママ》の敵激滅戦に参加するの榮を得男子の本懐之に過ぐ●しと嬉んで出發します。

二十六年の本日まで育んで下さつた父母上初め家族諸上官　諸先輩に厚く感謝致します。

何卒父母上には御健全にて御過し下さい。

弟妹達は仲良くそして父母上を御願ひする。

今日は四月十二日　朝の冷氣　吾が心氣共に澄んですがすがし。

●●は春　爛漫の櫻は匂ふ　二十六年の生涯　櫻の如く咲きし　吾亦櫻の如く散り際こそ美しく願ふ。

必死　必中　一機一艦　期して止まず。

●しき後の戦果に私を偲び下さい。

一、小生亡き後は一切の事父上に処理、御願いします
一、女関係之無く、心配無用です
一、借金無し

一郎

父母上　様

（林えいだい『重爆特攻さくら弾機』東方出版二〇〇五年より）

特攻隊に選ばれたことを喜びとしている。父母への感謝、弟妹たちを気遣っている。自己を桜に喩《たと》えている。最後の「女関係之無く心配無用です」をどのように受け止めればいいのだろうか。二六歳までを女性に触れることもなく、ひたすらに戦塵の中を過ごしてきたこの人の人生が切なくやるせない。

この人は桜のように美しく咲き、そして美しく散りたいと言っている。そんな美しい桜とは裏腹に第六十二飛行戦隊の『四式重爆飛龍』、すなわち『さくら弾』機は醜くグロテスクである。

四月一七日と五月二五日の両日に亘って『さくら弾』四機が出撃している。四月一七日には、日本軍特攻の体当り記録はない。五月二五日には日本軍特攻四機の体当り記録があるが、状況から判断してこれが『さくら弾』機によるものとは考えられない。四機の『四式重爆

飛龍』による『さくら弾』機も結局は何の戦果も残すことはなかった。

『四式重爆 飛龍』は単なる軍用機である。兵器である。だから、その使い道をとやかく言うことはない。しかし、たとえ一つの兵器ではあっても、『四式重爆 飛龍』は美しく有能な飛行機であった。その当時の技術の粋であった。使い道が正当ならば、かなりの効果はあったであろう。しかし、本機が正当に使われた実績はない。この飛行機を設計した技術者にとって、また、この飛行機に慣熟した空中勤務者にとって、それはかけがえのない飛行機であり愛の対象であったはずだ。あるいは、飛行機に一つの「人格」さえ見出したかもしれない。富嶽隊の西尾常三郎や事故死した岡田一郎もそんな一人であったはずだ。そんな美しい飛行機が段々と醜くなっていく。本来は美しいはずのものが、その美しさを発揮できずに、空しく何の結果も残すことなく無為に消え去っていった。これが日本の戦争指導の現実であった。

『重爆特攻』(林)は、この『さくら弾』機に関わって、終戦直前に起こった一つの事件を今に伝えている。筆者もこの事件は少し気になる。終戦も間近に迫った一九四五年(昭和二〇)五月から八月にかけてのことである。

菅原道大(中将)、終戦時は陸軍第六航空軍司令官として沖縄戦での特攻を指揮している。この人が日記を残している。これを『菅原日記』(偕行社刊『偕行』平成六年一月号から同八年六月号に掲載)としておく。『重爆特攻』(林)は『菅原日記』を引用しながら事件の謎に迫っている。筆者も林えいだいに倣《なら》って『菅原日記』を読み解いていきたい。菅原道大は一九四五年（昭和二〇）三月から始まる沖縄戦での陸軍航空特攻を指揮した人である、その『菅原日記』の一九四五年（昭和二〇）五月二三日付の記事であるが、その日、菅原道大は九州の各基地での特攻出撃の見送り、そしてその出撃の急遽中止などの慌しい状況を記したあとに、極めて唐突につぎのような一行を載せている。

　桜弾機の爆発事故あり、研究問題なりとす。（前後は略）

『さくら弾』機に事故が起こったらしい。場所は大刀洗基地（福岡）である。その事故が何故「研究問題なりとす」なのか。その理由は、事故は単なる爆発事故ではなく放火によるものであったようだ。当該の『さくら弾』機に搭乗する山本辰雄（伍長）が放火犯人とされ、その日のうちに逮捕されたと『重爆特攻』（林）は記す。逮捕の理由は山本辰雄に「女ができて」「命が惜しくなった」ので飛行機さえなければ出撃をしなくて済む、だから自機に放火したという理屈であったらしい。たしかに、『重爆特攻』（林）によると、事件前日には山本辰雄たちは、近隣の娘の誘いでその家で接待を受けている。しかし、それは娘たちの特攻隊員への感謝と善意によるものであり、「女ができて」「命が惜しくなった」という状況からは程遠い。翌日の五月二四日付『菅原日記』には、これも前後の脈絡とは関係なく、極めて唐突につぎのように記している。

飛六十二〔飛行第六十二戦隊―引用者注〕の特攻機は、明朝八〇番弾〔海軍の八百瓩爆弾〕を積みて出撃する由。山本伍長なる嫌疑者〔昨日の桜弾爆発事故に就ては、自然爆発とする理由なし〕も出発とか、さすれば是れ以上追求の要なからん。〔前後は略〕

昨日の爆発事故は、状況からも「自然」の爆発ではないとしている。その犯人の山本辰雄は「出発とか」と記している。翌五月二五日の特攻出撃に搭乗となったらしい。だから事件のこれ以上の詮索は必要ない、不問にしたいの意に読める。軍用機が爆破されることは当時では大問題であったらしい。犯人逮捕だけですむ問題ではない。指揮命令系統の責任問題である。だから、特攻現場は「犯人」の山本辰雄を特攻出撃させたかったのであろう。そうすることで全てが不問となる。『重爆特攻』〔林〕によると「出撃」は山本辰雄も同意したらしい。当時のことである、一旦「犯人」にされれば死刑は免れない。死刑は不名誉である。「どうせ死ぬのなら特攻出撃で」という山本辰雄の心情と、司令部の「武士の情け」が一致したのであろう。ところで、五月二五日には飛行第六十二戦隊『さくら弾』機による出撃戦死記録は残っているが、その中には山本辰雄の名はない。翌々日の五月二六日付『菅原日記』につぎの記載がある。

山本伍長の件〔5／23、桜弾爆発事故〕あり、遺憾なり。又山下少尉の問題あり、不祥事多し、吁々。夜に入り桜弾事件捜査に赴きたる高見法務少佐来り報ず。〔前後は略〕

出撃したはずの山本辰雄のことを記している。『重爆特攻』(林)によると菅原道大が山本伍長の出撃に反対したらしい。ところで、高見法務少佐は何を報じたのであろうか、『菅原日記』はその詳細を記していない。この日記から一ヶ月半後の七月九日付に山本辰雄の名が『菅原日記』に再び登場する。

　住参謀本日山本伍長(5／23、桜弾特攻機爆破事件の容疑者)の公判を実施したる処、果然彼は前言を翻し、過失なりと云出し公判を延期したりと、吁々、匹夫遂に猾奴となり画策せしか。(前後は略)

山本辰雄は特攻出撃したのではなく法務処理をされたらしい。しかし、『重爆特攻』(林)によると、取り調べにあたった憲兵隊の尋問は軍司令官も顔を背けるほどの拷問であったらしい。それもあってか、山本辰雄は「放火」を「自白」したらしい。ところが、『菅原日記』によると、山本辰雄は「自白」を覆している。冤罪を主張したようだ。その当時、いかなる理由があろうとも、憲兵隊に反抗し自白を覆すことは拷問に勝る酷い仕打ちが待っていたようだ。しかし、山本辰雄は臆することなく無罪を主張したようだ。よほど悔しかったのであろう。そんな山本辰雄を菅原道大は「匹夫」が「猾奴」となって無罪を「画策」したと厳しく断罪している。ところで、この日からさらに一ヶ月後の八月八日付『菅原日記』は、過般来問題たりし山本伍長〔5／23、桜弾事故関係〕の裁判終了、死刑の宣告あり、吁々、事情厳罰を要求したるも真情は可憐、司令官として詫びる処なり。（前後は略）

前述とは違いこの文言からは菅原道大は山本辰雄を叱責していない。むしろ「真情は可憐」であり「詫びる処」としている。誰に何を詫びるのか。その響きが柔らかい。さらに翌日の八月九日付には、

予は「嗚呼山本伍長」の作詩中なりしも、公私幾多混淆し来り、内外大問題となる。（前後は略）

この一ヶ月の間に山本辰雄を巡ってどんな真実の変遷があったのであろうか。菅原道大には山本辰雄の事件に関して何かのわだかまりが起こったようだ。釈然としないものがあったのであろうか。山本辰雄のため作詩している。題も「嗚呼山本伍長」、さらに作詩を巡ってどんな「大問題」が起こったのであろうか。その詳細は記されていない。とにかく、『菅原日記』からは、この事件の死刑判決への戸惑いが感じ取られる。ところで、山本辰雄はその後どうなったのであろう。『重爆特攻』（林）は、終戦の混乱の中で死刑は執行されずに釈放されたと記し、また、その後（一九九〇年代と推測される）、山本辰雄に似た人を見たという

噂《うわさ》もあったとしている。場所は大阪の道頓堀であったという。話が具体的だ。一分の救いを感じたそのすぐあとで、著者の林えいだいは自身の調査により山本辰雄は銃殺処刑されたと記す。菅原道大が山本辰雄を気遣い、作詩をしながら嘆息したその日（八月九日）のことである。ただし、『菅原日記』には処刑の記述はない。

事件の真犯人は山本辰雄ではなく、当時大刀洗飛行場の整備拡張工事に強制労働させられていた朝鮮人労働者であろうと『重爆特攻』（林）は推測している。いずれにせよ、山本辰雄のような陸軍の空中勤務者が、たとえそれが特攻機であろうとも、自分の愛機を破壊することなどは、その当時としては全く考えがたい。ましてや、山本辰雄は陸軍伍長である、下士官だ。それ相応の矜持がある。そんなことは取り調べに当たった憲兵隊も先刻承知のうえだと思われる。しかし、事件が起きたからには犯人が必要だ。それでは何故に山本辰雄が逮捕されたのか、理由は簡単である、山本辰雄は朝鮮出身であったからと『重爆特攻』（林）は言う。朝鮮人であることを理由に山本辰雄が犯人に仕立てられたというのである。

菅原道大は山本辰雄への「厳罰を要求」しながら、また、彼を「猾奴」としながら、その後は、「嗚呼山本伍長」の作詩をし「可憐」「侘びる処」とまで嘆息している。『重爆特攻』（林）は菅原道大に「軍司令官自身の心の動揺」があったとしている。同感である。これは『菅原日記』からの筆者（私）の推測ではあるが、菅原道大は全てを知ったのではないか。真犯人は山本辰雄ではないという心証があったのではないか。しかし、彼の処置は菅原道大の手から離れ憲兵隊に委ねられている。もはやどうすることもできない。だから、相当な心の葛藤に苦しんでいる。そんなもどかしさを『菅原日記』は伝えているように筆者は感じる。ともかく、六〇余年の時空を超えて、林えいだい『重爆特攻さくら弾機』（東方出版二〇〇五年）により山本辰雄の名誉は回復した。

【ある碑《いしぶみ》】

東京都世田谷区に営まれている世田谷山観音寺（東京都世田谷区下馬四丁目九番四号）の境内に一基の碑が建てられている。『神州不滅特別攻撃隊之碑』である。一九四五年（昭和二〇）八月一九日に神州不滅特別攻撃隊と命名された特攻隊が「満州」で出撃している。ただし、資料によっては神州不滅特別攻撃隊を記していない場合もあるが、本稿ではこの部隊を航空特攻の掉尾としておきたい。その碑にはこの部隊の消息が記されている。筆者筆写のうえ全文を引用させていただく。

神州不滅特別攻撃隊之碑

第二次世界大戦も昭和二十年八月十五日祖国日本の終戦と云う結果で終末を遂げたのであるが終戦后の八月十九日午后二時当時満州派遣第一六六七五部隊に所属した今田少尉以下十名の青年将校が国破れて山河なし生きてかひなき生命なら死して祖国の鬼たらむと又大切な武器である飛行機をソ連軍に引渡すのを潔しとせず谷藤少尉の如きは結婚間

もない新妻を後ろに乗せて前日二宮准尉の偵察した赤峰附近に進駐し来るソ連戦車群に
むけて大虎山飛行場を発進前記戦車群に体当り全員自爆を遂げたものでその自己犠牲の
精神こそ崇高にして永遠なるものなり
此處にその壮挙を顕彰する為記念碑を建立し英霊の御魂よ永遠に安かれと祈るものなり

陸軍中尉　今田達夫　広島
陸軍中尉　馬場伊与次　山形
陸軍中尉　岩佐輝夫　北海道
陸軍中尉　大倉　巌　北海道
陸軍中尉　谷藤徹夫　青森
陸軍中尉　北島孝次　東京
陸軍中尉　宮川進二　東京
陸軍中尉　日野敏一　兵庫
陸軍中尉　波多野五男　広島
陸軍少尉　二ノ宮　清　静岡

昭和四十二年五月
神州不滅特別攻撃隊顕彰会建之

（階級は戦死後一階級特進―引用者注）

心ある人たちが碑を建立し亡くなった人たちの霊を慰める。この部隊の兵装は『二式高等練習機』と『九八式直接協同偵察機』の混成であったようだ。両機とも戦闘能力は全くない。練習機と小型の偵察機である。戦闘能力は端から要求されていない。特攻運用にはあまりにも不向きである。両機での特攻成功は殆ど期待できない。むしろ無茶である。そんな神州不滅特別攻撃隊が日本陸海軍航空特攻の掉尾となった。この部隊の戦果は記録されていない。ところで、この航空特攻には苦い後味が残る。本稿を締めくくるに当たり、この苦い一言を最後に記したい。

谷藤徹夫（少尉 特繰出身 年齢不詳）は、その後部座席に新妻を搭乗させて出撃したと碑は伝えている。名を「朝子」という。谷藤の兵装が『二式高練』であったのか『九八直協』であったのかは不明であるが両機とも複座機である。新妻を後部座席に同乗させることは可能である。また、碑文には記されていないが、大倉巌（少尉 特操出身 年齢不詳）も女性を同乗させていたと伝えられている。名を「スミ子」と言う。親戚の女性であったらしい。特攻機に女性を乗せることはそれまでにはなかった。あるはずがない。終戦の混乱が女性同乗ということになったのであろう。もはや軍の統帥が機能していない。世田谷山観音寺の碑はこの二人の女性の名を伝えていないが、毎日新聞『別冊一億人の昭和史 特別攻撃隊』（一九七九年 以下『別冊 一億人の昭和史』毎日新聞）は二人の女性の消息を短く伝えている。引用させていただく。

この特攻隊には谷藤少尉の新妻朝子夫人が夫とともに同乗し体当たりを敢行、また大倉少尉には、伊予屋旅館の親戚の女性スミ子さんが加わった。終戦時のパニック状態という環境の中で、外地にいた人たちのつきつめた気持ちがさせた行動であったが、戦争の中の一つの悲劇を見る思いだ。

特攻というよりも心中のように思える。軍用機に女性を乗せるなどは当時では考えられなかったことである。まして特攻出撃においてはなおさらである。

終戦直後の大混乱があったであろう。また終戦直後の「満州」という厳しい環境もあったであろう。見通しのない、未来が約束されない当時の状況下で、心中という選択もやむを得なかったのかもしれない。愛する夫との道連れを妻の朝子が懇願したとも推測できる。夫婦愛の一つの表れなのかもしれない。大倉少尉も女性である「スミ子」一人を外地に残すに忍びなかったことも十分に察しがつく。「スミ子」も信頼できる人との道行きに限りない安心と安堵を覚えたのであろう。已むに已まれぬ行動であったことは察しがつく。こうすることがこの人たちの最後のせめてもの幸せであったのかもしれない。その時に出撃した他の戦友たちもそれを是とし「祝福」したのかもしれない。

ところで、特攻死は凄惨を極める。先述の『B29』の特攻死も、身体がズタズタに引き裂かれている。あまりにも酷い断末魔の姿である。特攻とはそんなものだ。そうであることを陸軍の空中勤務者たちが知らないはずがない。写真に残る谷藤徹夫は知的でハンサムである。特操一期生出身である。旧制大学や旧制専門学校などの出身である。「特操一期」であることから学徒出陣以前の繰り上げ卒業により陸軍に入営し空中勤務者を志願したのであろう。知的な表情が写真に残る。一緒に写る妻朝子はやや下膨れの色白の若妻である。この美しい人の凄惨な最後の姿を思い浮かべるだけでも胸が痛む。

海軍にも終戦直後に特攻があった。八月一五日、午後五時の宇垣纒《まとめ》（中将 第五航空艦隊司令長官）による司令官直帥の特攻である。『艦上爆撃機 彗星』八機による特攻である。宇垣纒は三機による特攻を希望したらしいが、最終的には八機（宇垣を除く一六名）の若い人たちを道連れにした特攻となった。

現在でさえも宇垣特攻はすこぶる評判が悪い。当時でも異論があったようだ。そもそも終戦詔勅後の特攻には何の意味もない。むしろ利敵行為になる危険もある。ましてや若い多くの部下を従えた特攻である。宇垣への批判は止むを得ない。しかし、情報不足であった当時の状況を考えれば、若い人たちの已むに已まれぬ同行への強い懇願があったのかもしれない。宇垣纒にも迷いがあったであろう。その瞬間での苦悩は察して余りある。宇垣の瞬時の結論は同行を懇願する部下への毅然とした拒否ではなく、司令官特攻への出撃命令であった。部下たちは「ありがとうございます」の一言を残し、それぞれの『艦爆 彗星』に搭乗し勇躍出撃していったという。その瞬間での成り行きには誰もが押しとどめることのできない「勢い」のようなものがあったことも確かであろう。しかも、この人たちは軍人であった。いかなる状況下であろうとも、一旦命令が下ればそれに従うのが道理である。それが軍隊であり軍人としての絶対的な掟である。まだしも大義名分がたつ。

宇垣特攻と神州不滅特別攻撃隊とは明らかに状況が違う。前者は日本国内で生起したものである。後者は満州という外地のより一層厳しい環境の下で生起している。大混乱の中の絶望的な雰囲気が、女性同行の行動となったのであろう。

特攻の目標は全て軍事施設への攻撃であった。一部には錯誤による病院船への突入もあった。連合国軍の医師や看護師の民間人が犠牲になっている。そんな事実があったことは痛恨の極みであるが、これは例外に近い。戦場の混乱による錯誤と考えられる。基本的にはあくまでも軍事施設の破壊を目的とした軍事行動であった。一例を除いて、病院船への突入はない。目標はすべて軍艦である。ここに日本陸海軍による航空特攻の矜持があった。しかし、神州不滅特別攻撃隊は、軍人が本来は守らなければならない民間人を、「錯誤」としてではなく「意識的」に同行している。しかも女性である。

筆者は本稿の初めに、万朶隊と富嶽隊を記した。この人たちが特攻に矛盾を感じながらもつぎつぎと特攻戦死をしたのは一体何のためであったのか。父や母、弟や妹たちが、そして妻たちが、その後健やかに過ごすことの願いがあったからではなかったのか。自己の犠牲を

神州不滅特別攻撃隊の碑（東京世田谷山観音寺）

担保にして、残る人たちの幸せを願ったのではなかったのか。特攻隊員にとっては、そこに特攻への大義名分があったはずである。それこそが「武士の一分」ではなかったのか。

とは言え、神州不滅特別攻撃隊で道連れとなった妻たちの、その瞬間の環境はあまりにも悲惨であったといえるだろう。終戦直後の「満州」には、女性たちが、その後に健やかに過ごせる環境などはすでになかったであろう。あるものは、凄惨で荒涼とした風景であったのかもしれない。だから、谷藤徹夫や大倉巌に責任があるのではない。ましてや、二人の女性に何の咎もない。戦争が、特攻が、終戦の混乱が、「満州」経営の失敗が善良なこの人たちをしてこのような行為にしむけたに過ぎない。この人たちはそのようにせざるを得ない状況に追い込まれただけである。起こるべくして起こった悲劇である。否、悲劇であったとするのは後世の我々の勝手な考えかもしれない。当時を生きた人々にとって、こうすることが無常の喜びであったのかもしれない。そんなことは百も承知のうえであるが、特攻とはあくまでも正規の軍人によってなされることに正当性がある。たとえ妻親戚といえども民間人を、ましてや女性を同行した特攻には戦闘行為としての正当性はない。だから、これは軍事行動ではなく心中であったと考えたい。しかし、心中ならば軍用機を使う正当性はない。ここに矛盾がある。

終戦後の神州不滅特別攻撃隊への論評は多くない。先述した宇垣特攻ほどには知られていないことによるものなのか、それともあまりにも壮絶な特攻であるが故に多くの評論家は言葉を失ったのであろうか。あるいは、殉職したこれらの人々の心境を察し、そっと静かにその冥福を祈りたいという気持ちからなのか。ここに記した碑（写真）はそんな関係者の慟哭にも似た気持ちが込められているように感じる。だから余計なことは言うまい。しかしながら、敢えてここに筆者の蛇足をつけ加えるならば、二人の女性を同行した神州不滅特別攻撃隊に苦い後味は残る。

日本陸海軍の航空特攻は一九四四年（昭和一九）九月一三日を嚆矢として、一九四五年（昭和二〇）八月一九日の神州不滅特別攻撃隊を掉尾として、約一年に亘る熾烈な戦いの幕を閉じた。

『さくら弾』機の山本辰雄の魂は、これまで、どこをどのようにさ迷って来たであろうか。林えいだいの労作により、この人の汚名は返上され名誉が回復された。心から鎮魂の誠を捧げたい。

神州不滅特別攻撃隊の谷藤敏夫と妻朝子、大倉巌とスミ子、この人たちの終戦直後の苦悩は如何ばかりであっただろうか。未来の路《みち》はおろか、その時の命さえ立ち塞がれていたであろう。絶望の奈落が大きな口をあけていたに違いない。だからこそ、今は天上に召され幸せな生活を送っているものと信じたい。六六年を経た此岸《しがん》から、彼岸に棲むこの人たちの安寧《あんねい》を、こころより切に切に祈りたい。合掌

補遺——二〇一一年三月一一日の東日本大震災によせて

本稿初校の直前に東日本大震災と大津波が生起しました。犠牲になられた多くの方々のご冥福を心よりお祈り申しあげます。また、財産や職場を失われた方々にお見舞いを申しあげます。関西の一隅に棲む私には直接的な被害はなく、被災された方々に申し訳なく感じています。

私は大震災以前から、今日の日本の現状を戦争に喩えれば、政治、経済、外交、防衛の全ての領域で「敗戦」状態にあると感じていました。「敗戦」というごまかしのない正しい認識と、その認識に基づく的確な「戦後処理」、そして明確な未来像をもった「復旧復興」が大事であると常々考えておりました。そして今回の大震災が、このことの急務を再確認させてくれました。

六十数年前の戦後処理とその後の復旧復興が日本の繁栄をもたらしました。今回は災後処理になります。犠牲になられた人たちの、志半ばに斃れた無念を心に刻み、今を生き継ぐ我々一人ひとりが、自分の出来る範囲の力を夢と希望で紡ぎ逢う努力が大事です。あれこれの議論や理屈もさることながら、自然への畏敬や犠牲者への哀悼がこの国を救う力になると考えます。

国際社会での見栄や外見をかなぐり捨て、これまで培ってきた日本固有の技と精神を信じ、あえて、清貧で孤高の道を選ぶ覚悟が肝要とひとり合点しています。開闢以来、日本は数々の国難を解決してきました。今回も必ず立ち直れます。その道程がまず大切です。そして五〇年後にフト気づけば、世界に誇りうる冠たる日本が再建されています。

今井健嗣　二〇一一年三月二七日記す

【主な参考資料】（順不同）

特攻隊慰霊顕彰会編・発行『特別攻撃隊史』（一九九二年）
財団法人　特攻隊戦没者慰霊平和祈念協会編・発行『特別攻撃隊全史』（二〇〇八年）
鹿児島県知覧特攻平和会館編・発行『陸軍特別攻撃隊員名簿　とこしえに（沖縄戦における特攻出撃順別名簿）』
防衛庁防衛研究所戦史室『戦史叢書　捷号陸軍作戦　レイテ決戦』（朝雲新聞社　一九七〇年）
防衛庁防衛研究所戦史室『戦史叢書　ミッドウェー海戦』（朝雲新聞社　一九七一年）
野沢正『日本航空機総集　第一巻～第八巻』（出版協同社　一九五八年～一九八〇年）
カミカゼ刊行委員会『写真集　カミカゼ　陸・海軍特別攻撃隊　上』（KKベストセラーズ　一九九六年）
カミカゼ刊行委員会『写真集　カミカゼ　陸・海軍特別攻撃隊　下』（KKベストセラーズ　一九九七年）
文藝春秋編『「文藝春秋」に見る昭和史　第一巻』（文藝春秋　一九八八年）
モデルアート七月号臨時増刊『陸軍特別攻撃隊』（モデルアート社　一九九五年）
モデルアート一一月号臨時増刊『神風特別攻撃隊』（モデルアート社　一九九五年）
『菅原将軍の日記』偕行社刊（『偕行』平成六年一月号～平成八年六月号）
原勝洋『真相・カミカゼ特攻』（KKベストセラーズ　二〇〇四年）
毎日新聞社編・発行『別冊　一億人の昭和史　特別攻撃隊』（一九七九年）
田中賢一編『特攻隊員の日記』（財団法人　特攻隊戦没者慰霊平和祈念協会　平成一二年）
田中賢一編『B－29との戦い』（財団法人　特攻隊戦没者慰霊平和祈念協会　平成一二年）
吉武登志夫『生き残り特攻隊員の手記　長い日々』（財団法人　特攻隊戦没者慰霊平和祈念協会　平成一二年）
高木俊朗『陸軍特別攻撃隊　上巻・下巻』（文藝春秋　一九八三年）
福田誠編『第二次世界大戦海戦事典』（光栄　一九九八年）
河内山譲『恩愛の絆断ち難し』（光人社　一九九〇年）
林えいだい『重爆特攻さくら弾機』（東方出版　二〇〇五年）
日本映画新社『戦記映画・復刻版シリーズ　NO20陸

軍特別攻撃隊』
澤地久枝『滄海よ眠れ　一〜六』（毎日新聞社　昭和五九年）
澤地久枝『記録　ミッドウェー海戦』（文藝春秋　昭和六一年）
源田實『海軍航空隊始末記―戦闘編』（文藝春秋　昭和三七年）
戸部良一他共著『失敗の本質　日本軍の組織論的研究』（ダイヤモンド社　昭和六〇年）
C・W・ニミッツ／E・B・ポッター／冨永謙吾／実松譲共訳『ニミッツの太平洋海戦史』（恒文社　一九九二年）
E・B・ポッター／南郷洋一郎訳『提督ニミッツ』（フジ出版　昭和五四年）
米国戦略爆撃調査団報／太田内一夫訳『ジャパニーズ・エア・パワー』（光人社　一九九六年）
森史朗『特攻とは何か』（文藝春秋　二〇〇六年）
森本忠夫『特攻―外道の統率と人間の条件』（文藝春秋　一九九二年）
土方輝彦『散華　最後の特攻「疾風」戦闘機隊』（元就出版社　二〇〇五年）
村岡英夫『陸軍特攻の記録―隼戦闘隊長の手記』（光人社　二〇〇三年）
押尾一彦『特別攻撃隊の記録』〈陸軍編・海軍編〉（光人社　二〇〇五年）
生田惇『陸軍特別攻撃隊史』（ビジネス社　一九七七年）
高木俊朗『知覧』（角川文庫）
甲斐克彦『淵田美津雄』（光人社　一九九六年）
文藝春秋編『完本・太平洋戦争』（文藝春秋　一九九一年）
藤根井和夫編『歴史への招待　二一』（日本放送協会　一九八二年）
デニス・ウォーナー『ドキュメント神風』（時事通信社　一九八二年）
原勝洋編著『カラーで見る太平洋戦争秘録』（KKベストセラーズ　二〇〇〇年）

単行本　平成二十三年八月　元就出版社刊

NF文庫

慟哭の空

二〇一八年十月二十三日　第一刷発行
著者　今井健嗣
発行者　皆川豪志
発行所　株式会社　潮書房光人新社
〒100-8077　東京都千代田区大手町一-七-二
電話／〇三-六二八一-九八九一(代)
印刷・製本　凸版印刷株式会社
定価はカバーに表示してあります
乱丁・落丁のものはお取りかえ致します。本文は中性紙を使用
ISBN978-4-7698-3090-0　C0195
http://www.kojinsha.co.jp

NF文庫

刊行のことば

第二次世界大戦の戦火が熄《や》んで五〇年——その間、小社は夥しい数の戦争の記録を渉猟し、発掘し、常に公正なる立場を貫いて書誌とし、大方の絶讃を博して今日に及ぶが、その源は、散華された世代への熱き思い入れであり、同時に、その記録を誌して平和の礎とし、後世に伝えんとするにある。

小社の出版物は、戦記、伝記、文学、エッセイ、写真集、その他、すでに一、〇〇〇点を越え、加えて戦後五〇年になんなんとするを契機として、「光人社NF（ノンフィクション）文庫」を創刊して、読者諸賢の熱烈要望におこたえする次第である。人生のバイブルとして、心弱きときの活性の糧《かて》として、散華の世代からの感動の肉声に、あなたもぜひ、耳を傾けて下さい。